JN438179

한국스토리문인협회 시 동인
문학공원 동인지 2022년 제17호

물병에 담긴 바다

강위덕 외

한국스토리문인협회 시 동인
문학공원 동인지 2022년 제17호

물병에 담긴 바다

강위덕 외

지나던 여인이 물 한 병을 건네자
그 사내는 마개를 따서 꿀꺽꿀꺽 두어 모금 마시더니
머리 꼭대기에 대고 물을 쏟는다
메말랐던 온몸의 지느러미에 물의 감촉이 흐른다
그는 지금 바닷속으로 다이빙하고 있다

문학공원

동인지 17집을 펴내며

김 순 진 (한국스토리문인협회 회장)

긴 터널을 빠져나왔다. 개인적으로는 어릴 적 어머니가 돌아가셨을 때나 사업에 실패했을 때 등 어둠의 터널을 자주 빠져나왔지만, 남들과 함께 이런 길고 어두운 터널은 생전 처음이다. 코로나19라는 특수한 상황에서 사회적 거리두기에 관련된 업종이 아니라며 지원금에서 배제된 업종의 출판사를 운영한다는 것은 매우 어려운 일이었다. 카드로, 은행권에서 여러 번 빚을 졌다. 계속해야 하는가에 대한 의구심도 들었다.

지난 20여 년 동안 무에서 유를 창조하며 무모한 길을 걸어왔던 것처럼, 나는 무소의 뿔처럼 혼자서 간다. 계속해서 ≪스토리문학≫을 발행하며 계속해서 문학공원 시 동인지, 스토리소동 소설동인지, 자작나무수필 동인지를 펴내며 이끌어나갈 것이다. 약소한 상금이지만 작가를 격려해드리고 응원하며 함께 동참하여, 작가에게 돈을 받고 상을 주는 나쁜 발행인은 되지 않을 것이다.

늘 할 수 있음을 강조하며, 새로운 길을 개척해나가고 싶다. 우리가 할 수 없음은 금전적인 이유가 아니라 자신을 다잡고 다독이지 못함이라는 것을 계속해서 강조할 것이다. 그리하여 우리가 이땅에 왔다 가는 의미를 한 권의 책으로 남길 수 있도록 도와드리고 싶다.

많은 사람들이 유명을 달리했다 ≪스토리문학≫ 메인스토리에 취재되었던 이성교 시인과 신규호 시인과 정소성 소설가께서도 세상을 등지셨고, 특별히 사랑해주시던 이덕주 평론가도 유명을 달리했다. 그분들의 명복을 빈다.

인생은 헤쳐 나가는 것이 아니라 끊임없이 밀려드는 파도와 비바람을 견디는 것이라 한다. 도종환 시인은 "흔들리지 않고 피는 꽃이 어디 있으랴"라고 반문했다. 이제 나도 환갑을 지난 지 몇 년이 되었다. 그만하면 인생으로 흔들리지 않는 나무가 되었다 싶다. 나는 이제 문학에 뼈를 묻으며 예술가의 삶을 살아갈 수 있는 용기가 생겼다. ≪스토리문학≫도 더 이상 흔들리지 않을 용기가 생겼고, 미세한 바람이 조금 흔든다고 해도 유쾌히 흔들리며 함께 즐길 여유가 생겼다고 생각한다.

그런 즐길 수 있는 동행으로 문학공원 동인님들이 있어 행복하고 감사하다. 시를 내주신 53명의 시인님들께 진심으로 머리 숙여 감사드린다.

2022년 7월 2일

CONTENTS

1부
봄눈, 목련이 지다

2부
햇살이 살아 움직인다

CONTENTS

3부
울타리도 함께 짖었다

4부
세월이 선생님이다

CONTENTS

5부
아름다운 흔적

1부

봄눈, 목련이 지다

문 모 근

1992년 월간 ≪시와 시인≫ 등단, 울산북구문학회 고문
천상병귀천문학상 수상(2016), 스토리문학상 대상 수상(2021)
시집 『월요일에는 우체국을 간다』 외 4권

겨울비 보다가 외 2편

문 모 근

물방울 튀는 모양 보다가
심심하다는 생각하다가
창밖 보다가
짜장면 생각하다가
달걀 넣어 튀기듯 구워낸
파전 생각하다가
막걸리 생각하다가
한잔 마시러 갈까 하다가
후다닥 뛰어가는 사람 보다가
비 참 잘 온다 하다가
고소한 땅콩 씹다가
포도나무 잎 세 개 중
두 개 떨어지는 광경 보다가
책 몇 번 뒤적이다가

삼만천오백삼십 원

목숨이 경각에 달린
저 달
헤진 가죽 손주머니 속
삼만천오백삼십 원
별이 되어 쓸지
구름이 되어 쓸지

갈비찜값은 되지 않고
탕수육 정도 맛볼 수 있고,
눈에 넣어도 아프지 않은
어린 손주 조금 주면
겨우 집에 갈 수 있는 돈

누구와 함께 하실까
저 돈
무엇을 사고 싶었을까
저 돈
맛있는 거 사 먹자는 말 보다
그마저 쓰고 나면
기댈 곳이나 있으실까
어머니

젖어 사랑하는 것들

산 능선에 안개가 깊다
벙거지모자 눌러쓴 그녀
늘어진 배낭과 함께
산길을 간다
물기 풍성한 숲을 밟으며
바짓가랑이 물고 늘어지는
억척스런 풀에게 손 인사 나누고
나뭇잎 입김으로 젖은 어깨와 가슴
무심하게 내준다
촉촉한 아침 안개가 차지한 만디에
새들도 젖은 몸으로 떨고
하늘소 한 마리 나무등걸 껴안고 있다
젖은 채 사랑하고 있다

김 희 경
월간 ≪스토리문학≫ 소설부문 등단
한국문인협회 회원, 한국미술협회 회원
한국스토리문인협회 회원, 문학공원 동인
소설 『바다 그늘』, 『소슬바람 머문 날』, 『푸른 날개』
문학공원 동인지 『바람개비』 외 동인지 다수

봄마중 외 2편

김 희 경

겨울 해가 낮게 내려앉은 하늘에
황금빛 햇살이 번진다
얼어붙은 대지 위에 성큼 내려선 붉은 태양은
추위에 움추린 서늘한 그늘 향해
따사로운 햇살을 흩뿌린다

싸늘하게 식은 메마른 터에서
겨우내 숨죽인 대지는
비로서 따스한 온기 받으며
궁핍한 시름을 덜어낸다

겨울은 짐짓 뒤로 물러선채
화사한 햇살 속에 숨은
이른 봄을 맞이한다

백야

아무리 기다려도
어스름은 찾아오지 않는다
밤 깊은 시각에도
어둠은 드리워지지 않는다

환한 대낮처럼 밝은 한밤중에도
시침은 쉴 새 없이
세월 따라 흘러간다.

하이얀 밤에
얕은 잠길에서 헤매이며
하루 온종일 황금빛 햇살에 눈부셔
해 저문 처연한 밤이 찾아오기를
속절없이 기다린다

밤비

칠흑같이 어두운 한밤중에
가느다란 빗줄기
부슬부슬 내리네.

까아만 밤하늘에서
치렁치렁한 명주 실타래
풀어헤쳐 내려오듯이
희긋희긋한 빗줄기
검은 밤을 가르며
너울너울 흘러내려
대지를 적시네

어두컴컴한 막다른 길목이
하이얀 비단처럼 고운 밤비에 물들어
암울한 어둠을 환히 비춰주네

백 종 미
한국방송통신대학교 국어국문학과 졸업
2004년 ≪문학세계≫ 등단
한국문인협회 회원, 아가페문학회 회원
공저시집 『바다에서 별을 줍다』, 『침묵의 축제』

영혼 목리문 외 2편

백 종 미

계단 햇볕을 쬐던 낡은 의자와 마주쳤다
원목 살결을 선호하니 딱 좋은 의자를 얻었다
묵은 때를 벗겨낼수록 긁히고 찍힌 상처가 선명해졌다
병중의 모친을 씻기던 날처럼
옹이가 박힌 모서리엔 오래 마음이 머물렀다
가난한 짝을 만난 사랑의 흔적은
그 자자한 주목의 무늬보다 아름다웠었다
의자를 들인 후 수시로 찻물을 끓인다
다랭이마을같이 산으로 올라간 개미마을 집들
찬실이네 집* 지붕 위 별빛 반짝일 때까지
얼음 생각을 녹여 조각난 시어를 모은다
밑천으로 시 몇 편 저축해 온 자영업자로 삼십 년
두 아이를 낳고 세상에 밥벌이 다녀오고
나무로 치자면 철 따라 날씨가 스며 단단해진
하, 햇빛을 따라서 등 굽은 나무 한 그루 되었을까
비록 포마이카를 기웃거린 삶이었을지라도

불식간에 우리 목수님 찾아오셔서
어느 영혼 집 짓고 고쳐주는 데 쓴다고 하실 때는
진리를 아프게 사랑한 흔적
목리문(木理紋)으로 드러나고 싶은 것이다

* 영화 <찬실이는 복도 많지> 중 찬실이 하숙집

누구나 가슴에는 죽음을 생각하고 있다[1)]

빌라 35년 된 측백나무 한 그루
그 하늘바라기 푸른 손끝에 별을 걸어놓고
등대 불빛 삼아 까만 마음 길을 찾아가던 밤들
나무의 올곧은 장성함이
죽음과 가깝다는 것을 헤아리지 못한다

바람을 더 신뢰하게 된 낡은 심장과
나그네이면서도 몇 평 땅을 더 사랑하게 된 이웃들이
나무를 베어내기로 입을 맞춘 날
밤은 더없이 깊고 푸르다

나무와의 마지막 작별을 위해
그 아침 새 떼가 우르르 날아와 한참을 맴돈다
나무가 우뚝 섰던 그루터기엔
조용히 죽음을 생각하고 살았을
연한 슬픔이 촉촉이 스몄다
인부들이 흘리고 간 측백의 잔가지를
꽃병에 꽂아 식탁에 놓는다

---

1) 드보르작의 현악4중주를 위한 12개의 측백나무 시리즈의 부제에서 빌림.

새벽 출근을 배웅해주던
뚜벅뚜벅 걸어 올라오던 퇴근을

가만히 지켜봐 주던 나무가 생각나
변하지 않으려는 안일 속으로
또다시 풀빛 생을 요청하였지만
수형을 잃어버린 가지에는 너무 가혹한 긍휼

깨끗하게 죽임당한 나무가
새삼 마음속 푸르게 자라나는 밤
세상 한 사람으로 바깥을 유리하던 가슴도
안으로 깊이 돌아와 염전을 녹인다

버려진 침대

주민센터 뒷길 목련 나무 아래
누가 매트리스를 버렸다
누군가 살아온 시간을 적어 놓은 엽서 같다
오래전 기억 속에 내다 버린 가구들처럼
말 못 하는 저 물건 속에도 한땐
분홍 꽃 같은 시간 물들었을 것이다
늙으신 어머니 몸 편히 가벼워지시라고
할부로 넣어 드린 뭉게구름이었거나
어여쁜 아내와 나란히 누우면
꿈의 푸른 궁전으로 날라다 준 양탄자이었거나
세상이 울린 마음 비 펑펑 쏟던 날
가만히 그 비 다 받아준 우산이었거나
조용히 몸이 보낸 편지를 읽어주던 나날을
모두 간직하고 있을 것이다
生의 뜨거웠던 순간
가장 귀히 쓰임 받던 몸
누가 고려장 시키고 떠나갔다
시간의 무늬들을 지우러 달려드는
저 맹수 바람이었거나 햇빛의 무리

강 진 용
문학공원 동인, 주)대성산업, ㈜세일로, (주)태평양
(주)해정선박(CORL CAPE), (주)다나물산
㈜아나마케팅,(주)아나렉스피 등 직장생활 35년
동인지 『뉘앙스』, 이메일; kjy580623@naver.com

출근길 외 2편

강 진 용

지친 몸 이끌고 출근길에 오르면
마음 한구석 왠지 넋이 놓아진다

그곳에서 손짓해오면
그냥 헛웃음으로 보답한다
영혼도 없이

그 누구도 내 삶을
살아주지는 않는다
행복이란 맘속에 있다는 걸 알기에
필요할 때 조금씩 꺼내보면서 산다

늘 그렇듯이 이 시간이 지나면
더 나은 날이 찾아오더라
그러기에 그 길을 간다
묵묵히

흔적

눈이 덮인 강원도 다녀왔소
그곳에서
당신이 그렇게도 듣고 싶어 했던 말
하얀 눈 위에 "사랑한다" 적어두고
발자국 도장을 찍어
조용히 아쉬움 놓아두고 왔소

그곳은 우리나라 한강의 발원지 검룡소
깊은 산골짝에서 흐르는 물 위로 눈물 떨어뜨려
한 모금 마셔보았소

당신의 체온 느낀 만큼 물맛이 좋았소
이 작은 샘물이 흘러
우리가 살던 곳까지 간다고 하오

요즘처럼 살아가는 행복도
당신이 있었던 흔적이 있어 가능하오
이 밤이 지나면 헤어진 지 4년이오
오늘도 꿈속에서 만나기를…
사랑해

그림자

나뭇가지 사이로
반짝반짝 비치는 햇빛
한 걸음 걸을 때마다

늘 옆에서 함께 감돌고
저녁 해 질 녘
아쉬움을 뒤로하고
내일을 약속하네

온 세상이 다 변하고
거짓과 싸움 속에도
늘 변하지 않고 찾아와준다

늘 옆에 같이 있건만
만질 수 없는 영혼처럼
속삭여 줄 수 없는 그대는
진정 내 모습 그대로인 것을

차 정 필
포항 혜안명리철학원 원장, 어린이집 원장 역임
동양운명철학회 회원, 심리상담사
한국스토리문인협회 회원, 문학공원 동인

불면증 외 2편

차 정 필

눈을 감았어요
오늘 하루도 우리 함께했음을 감사해요
이제 깊은 잠에 빠질 거예요
꿈속에서 꽃길을 만나면
한아름 꽃다발을 만들 거예요
아이 같은 표정으로 걷다가 당신을 만나면
꽃다발을 안겨줄게요
이제 오늘은 꿈속에서 만나요
내일 해가 밝으면 제일 먼저
당신도 편히 잘 잤는지 전화를 할게요
지금 비 오는 소리가 들려요
우리 우산을 쓰고 같이 무작정 걸으실래요
오늘도 잠들기 글렀어요

심평추(心平錘)

- 마음의 저울

신이 만든 걸작보다
섬세한 수치의 저울이 있다면
나는 고요한 호수에 가만히
돌을 던져볼 것이요

그리하여 돌의 무게만큼
출렁이는 파동을 보고
이내 수평을 유지하는
물의 표면 장력을 볼 것이요

거기에는
내가 당신을 그리워하는
그리움의 깊이와
흔들림 없는 사랑의 무게와
평형을 유지하는 믿음의 끈이 있다

活人

그저 피는 꽃이 없다
소리 없이 피었다 가는 꽃일지라도
향기가 있다
죽은 줄 알았는데
같은 자리에 매년 피고 진다

그저 태어난 인생은 없다
향기 없이 왔다 가는 인생이라도
할 일이 있다
죽으면 그만인 줄 알았는데
할 일이 있어서 이 세상에 왔다

비단길만 걷는 인생도 없다
비탈길만 걷는 인생도 없다
답이 없는 인생이 없고
길이 없는 삶이 없다

힘내세요
좋아져요
조금만 참으세요
진심 어린 세 치 혀가
사람을 살린다

김 용 하
제주시 서귀포시 중문 출생
계간 《스토리문학》 시부문 등단
한국스토리문인협회 회원, 문학공원 시동인
제주 불교신문 업무국장
시집 『손목에 사는 그녀』

겨울 4중주 외 2편

김 용 하

1.
가을에서 겨울로 넘어가는 시간
쓸쓸하다 못해 을씨년스럽다

빛바랜 풀잎들
차가운 하늘빛이 그렇고
마지막 잎새 떨어져
순백이 몸통만 남은 것은
지금은 만신창이 되었지만
눈으로 포근함을 감싸오는 겨울

머지않아 추억으로 남게 될
찬란했던 빨간 단풍이 더욱 그립다

오늘 퀫물은 맞음이어라

2.
금방이라도 진눈깨비가
내릴 것 같은 날씨인데도

겨울을 나는 억새풀과 야생화들
늘 우리를 보고 손짓한다

눈보라 치일 때에는 마치
하얀 눈가루가 구름처럼
이리저리 날아다니며
구름이 지나다니는 듯하다

검은 머리가 하나 둘
눈꽃 수 놓는다

오늘 새벽은 내림이어라

3.
눈은 바닥에만 쌓였다
보드득보드득 노래한다

앙상한 가지가 겨울 햇살에 부딪쳐
기다란 그림자 그린다

흰색 검은색
수묵화 속 거닐고 있는 듯하다

진초록 조릿대 위에
미처 녹지 못한 눈이
바짓바람에 놀라
보석가루처럼 흩어진다

오늘 노로오름은 쌓임이어라

4.
설산 언덕 넘어 헤어질 것을
흰 세상 가운데 드러난 붉은 꽃
여느 꽃과 비교할 수 없을 만큼
강렬한 감정을 전달하는 겨울꽃이 여왕

동백 잎 햇살에 반짝거리니 눈이 부시고
녹색은 은색으로 변하며 현란하다

새들이 내는 합창에 귀는 맑아지고
숨은 공기에 반사된 메아리는 더욱 청아하다

눈송이가 달린 것처럼 착각을 일으키지만
봄처녀 따스한 치맛폭이 가깝다

빛이 향하는 곳에 새 삶의 움튼다
오늘 동백동산은 새로운 만남이어라

욕쟁이 할머니

욕하지 않고 살아가는 사람 있으랴
툭툭 튀어나오는 욕지거리

욕쟁이 할머니가 돌아가셨단다

청춘에 혼자되어
남편 남기고 간 두 아들

마른 고구마밭 김매며
손톱이 흙먼지에 묻힌 줄 모르고
억척같이 살아온 세월

고구마 먹는 즐거움에
함박웃음 감추지 못하던 모습
이젠 볼 수가 없네

정이 듬뿍 담긴 소리
귀로 느껴지는 알음소리
다시 듣고 싶은 소리

그 소리 듣기 싫다던 할머니들
멍하니 먼 하늘만 바라본다

우리 각시

아이고 이 곱곱 ᄒᆞᆫ 사름
어딜 경 돌아 댕기단
이제사 왐수가
ᄒᆞᆫ 저옵서

이제랑 ᄀᆞᆽ 닥 ᄒᆞ지 말앙
아부지 어무니 모셩
나영 ᄀᆞᆽ 지 밧디 강 일 ᄒᆞ.멍
잘 살아보게 마슴

괸당이나 동네 삼촌덜도
다 어디 가시니 ᄒᆞ는지
무싱거 옝 ᄀᆞ릅니가

잘 왓수다
하영 돌아댕기단 와시난
꼰 ᄒᆞ게 나영 ᄒᆞᆽ 지 살게 양

김 숙 경

아호 예현, Stella 서울출생, 경희대 졸, 현재 캐나다 한인여류문인협회 회장, 캐나다 에드몬톤 얼음꽃문학회 회장 역임, 한국문인협회 회원, 국제Pen한국본부 이사, 한국현대시인협회 이사, 영랑문학상 본상 및 해외작가상, 이해조문학상, 윤동주문학상 최고상, 서초문학상 본상, 박건호문학상 등 수상
시집 『시월애(詩月愛)』, 『백지 도둑』, 『삶, 꽃, 비 앓이』
이메일: aka_stella@hanmail.net

〈시조〉

봄눈, 목련이 지다 외 2편

김 숙 경(Stella)

무명옷에 하얀 버선발로 사뿐사뿐
가슴을 벙그는 수줍음 날개 옴츠리며
바람도 잡을 수 없네
꽃비로 휘날리네

침묵의 무거움으로 어둠을 가른 당신
겨우내 땅을 걷던 아픔의 껍질을 벗고
첫 자기 부상 열차를
타고서 허공을 나네

깨끗한 마음으로 누리와 어울리며
잔인한 바람에 뚝, 뚝 죽지 꺾이듯
힘겹게 지나온 상처
순백으로 묻으며.

봄동

너를 잊고 산 지 오래
바람 붓으로 널 그린다
봄볕 한 줌 등에 업고 들로 가는 에움길에
들 풀잎 풋풋한 기억, 움 돋는 본 향 따비밭

엄동 잣눈 이겨내고 푸릇푸릇 머리 내민
귀밑 솜털 뽀송한 눈물 콧물 어린 동심
풀빛을 몸에 두르고 들녘 한껏 내달린다

여인네 손샅에서 얼갈이로 꿈 버무리며
여린 봄 동, 마늘 향에 수북이 햇살 얹어
속 정을 채워 넣으면
봄이 상큼 씹힐까나

詩, 그대는

구름 따라 바람 따라 無形으로 오는 너
가로등 불빛으로 네 속살 투명하고
이슬에 촉촉이 젖어
해 오름을 기다린다

너의 幻影 신음하던 시인의 어둔 밀실
가난한 달빛으로 허기를 채우고
시간을 유영하면서
원고지 위에 반짝인다

바람은 문풍지에 파르르 떨고 있고
산사의 목탁소리 풍경으로 절여오네
새벽녘 붉은 기운에
꽃노을 물감 풀어쓴다.

이 원 용

월간 ≪한맥문학≫ 등단. 한국문인협회 회원 경기문인협회 회원
한국스토리문인협회 경기지부장 역임, 포천문인협회 회장 역임
백교문학상. 한국문학신문문학상, 스토리문학상 등 20여 회 수상
시집 『날지 않는 나비』. 『달빛 문신』.
『섬과 산의 소묘』 외 문학지 기고 100여 회

견인차 외 2편

이 원 용

파란색 견인차와 노란색 견인차가 나란히 서서
폐차를 끌고 간다.
피난 행렬처럼 보따리 이고
어린 자식은 업고 걸음마하는 녀석은 손잡고 가듯
어디론가 끌리어 간다
이름표도 그대로 살아 지난달 세금도 냈을 법한
멀쩡한 승용차와 작은 트럭이 북어처럼 코를 맡기고
서툴게 끌려가면서 혹시나 다른 녀석들이 해코지하지 않을까
두려운지 경고등을 켜고 말이다
그는 폐차장으로 가나보 다
생명을 바쳐서 충성을 다하면서 가라면 가고
밤새 서 있으라면 눈비 맞으며 서 있던 정열 모두 접고
새로 들어온 첩 때문에 쫓겨났다는 뜬소문이 나돌던 날
종이 한 장에 이혼서를 쓰고 간다
온 동네 병원은 모두 다녀 봤지만 고칠 수 없는
늙었거나 유행에 처진 창백한 얼굴에
초라한 기색이 연연하다

그는 벗어버린 어느 노동자의 옷처럼
갈기갈기 해진 모습으로 기다리다가
용광로 속에서 다시 태어나 어느 거리에서
과거처럼 달리는 꿈을 꾸리라

정든 노숙자

너는
오래전에 나와 만나 동행하는 행동주의자
아침이면 나를 싣고 외출했다가 돌아와
밤에는 길가에서 눈비를 맞으며
더위와 추위를 이기고 잠을 자면서
나를 기다리는 노숙자

나와 동행할 때는
창밖을 내다보며 길 위의 나를 안내하면서
신호의 규칙과 이정표의 가르침을 이행하고
어두운 밤에는 빛으로 길을 일러주는
의로운 길동무였지

오랜 동행길에서 늙어버린 너는
이사 온 새 것에게 자리를 내주고
엔진이라는 심장도 멈추고 침묵하더니
이별의 이유를 물어도 대답이 없네

너는 어느 유배지로 가는가
폐차장이라는 휴식처에서 영결식을 치르겠지

이정표

그는 오래전부터 초록의 팻말을 들고 서서
제발 나의 손짓을 알아달라고 애원하듯 시위를 한다
선불리 떠나온 것은 오늘뿐이 아닌데
그래도 읽어야 하고 더러는 지나치면 쓸데없는 후회를 주는
1인 시위자의 애원처럼 보이다가
저만치 가다 다시 발길 돌리지 않는 것은
당신 때문이라고 믿었다

그는 나그네의 발품이 안타까운지
삼거리에도 사거리에도 더러는 곧은 길섶에 말없이 서서
제발 내 말을 들어보라고 말 없이 손짓을 한다

산길에서 우연히 만난 그는
조심운전이라고 쓴 커다란 피켓을 들고
지금도 시위를 한다
고단하게 달려가는 사람도 달려오는 사람도
초록의 진실을 외면하지 못하고 지나치지만
이미 나의 눈과 가슴에 못이 박히도록 저장되어버렸다

차도 사람도 마음도 쉬어가는 곳이라는데
세월을 쉬었다가 가라는 안내는
어디에 있는지 찾을 수 없네

정 춘 식
계간 ≪스토리문학≫ 시부문 등단
고려대학교 평생교육원 시창작과정 수료
한국스토리문인협회 회원
문학공원 동인
시집 『왕방산 치과의사』

감자의 진통 외 2편

정 춘 식

초록빛으로 물들여지는 칠월이다
하지병원으로부터 연락이 왔다
그래서 달려갔더니 명아주 쇠뜨기풀 어쩔 줄 몰라 하고
산통이 온 감자가 산파를 기다리며 울고 있다
머리카락은 산통으로 탈색되어 누렇게 변했고
끊임없이 연결된 탯줄에 배가 터 있다
뜨거운 태양 빛을 아프도록 받아내고
이리저리 흔들리면서 순산을 꿈꿨다

하지병원의 감자 담당 전문의는 호미다
드디어 해산전문의인 그녀가 왔다
이리저리 배를 만지더니
형제들이 눈을 동그랗게 뜨고 탯줄이 잘렸다
응애 응애 응애

잿빛 하늘 아래 푸른 숲속 하지병원
이 방 저 방에서 동시에 아기들의 울음소리가 들린다
여기저기 뽀얀 아이들이 태어났다
산파의 얼굴에 구슬땀이 맺힌다

흔들리는 오두막집

용마산 숲속 작은 길엔
찬바람만 길을 못 찾고 윙윙 울고 있다
겨울 내내 콩새아버지가 보이지 않아
몹시 궁금하였다
알고 보니 문화대학에서
대목 소목 건축목공수리자격증을 취득했다
키가 작은 콩새아버지는 남의 손을 빌리지 않고
새벽잠을 설치며 도면을 그렸다
차가운 바람에도 따뜻한 아랫목을 생각하며
이끼 풀을 단열재로 사용하였다
붉은벽돌을 쌓을까 회색 벽돌을 쌓을까
고민 끝에 짙고 선명한 녹색벽돌을 쌓았다
벽에다는 무슨 그림을 그릴까
찔레꽃 개나리 제비꽃 고민하다
아이들이 좋아하는 조팝꽃을 그려놓았다
드디어 콩새아버지의 평생 결심에 따른
녹색의 공중 집이 준공되었다
흔들리는 집에서 나는 아이들의 웃음소리가
하늘을 파랗게 그리고 용마산 푸른 숲을 키울 것이다

왕방산 치과의사

가양리 실개천 돌다리를 사방치기 하듯 건너
굽이굽이 무럭고개를 넘어 왕방산 중턱을 오른다
목이 짧은 제비꽃 나를 반긴다
하늘엔 매가 바람개비처럼 돌고 있다
골짜기엔 버들강아지 솜털이 뽀송뽀송하다
청솔가지 위에 빨간 모자를 쓰고
노란줄무늬 조끼를 입은 딱따구리 한 마리
분주하게 옮겨 다니며 딱 딱 딱
소나무 산수유나무에 붙어 쪼아대는 모습이
영락없이 치과선생님이다

왕방산 주치의 딱따구리 치과선생님
그가 왕방산 한 바퀴 왕진을 돌면
잣나무도 참나무도 자작나무도
아이들처럼 윙윙윙 운다

박 영 수
문경 출생
대구대학교 화학교육과 졸업
한국스토리문인협회 회원
문학공원 동인

공간(空間) 속에서 외 2편

박 영 수

만남
약속으로 이루어진 관계
지켜야 하는 언어(言語)

믿음이 주는 기쁨
불신이 주는 슬픔
이제는 그러려니 하는 시간 경계 속에서
휘몰아치는 격한 감정
이것이 상처 주고
또 아픔 되고
좋은 사람 떠나고
또 외면받고…

만남
즐겁고 행복하고 소중한 마음
기다려지는 언어(言語)

난 나는
공간(空間) 속에서
기쁜 설렘을 가질 수 있을까

내겐 익숙함이다

익숙해진다는 것은
처음 가진 두근거림과 두려움이
점점 사라지는 것

때론 물빛 하늘처럼
투명한 가슴으로 즐겁게 상상하던 그리움
때론 울적한 먹구름처럼
가려진 슬픔으로 아프게 저미는 괴로움

어느새 되돌이표처럼
기쁨이 슬픔이 행복이 아픔이
망울망울 맺히고
아름답게 부드럽게 여유롭게 너그럽게
기억되고 눈물짓고 바라보고 미소짓고
퐁퐁 솟아 톡톡 터지며
그렇게 흐르는 시간

익숙해진다는 것은
처음 가진 두근거림과 두려움이
점점 사라지는 것

겨울나기

숲속 벤치와 자전거는
지친 누군가 쉬었다 가라고
좋은 맘으로 자리를 내주었겠지

새싹 돋는 푸른 날
봄에서
낙엽 지는 마른 날
가을까지
찾아오는 사람들이 있었나 보다
그래서 함께 겨울을 나자며
자전거가 동무 되었네

조금만 기다리자.
충실한 네 모습을 찾아주러
옷깃을 스치는 냉기로
얼굴을 스치는 온기로
먼지와 낙엽이 바람에 날려
향기를 풍기는 때가
가깝게 있음을…

2부

햇살이 살아 움직인다

조 혜 숙
아호는 미령(未齡), 시인, 시조시인, 수필가
≪생활문학≫, ≪시조문학≫, ≪경기수필≫ 신인상
생활문학작품상 ·대상, 하인리히하이네문학상
2017년 한국을빛낸문인100인 선정, 문학공원 동인
시집 『색종이 접는 여자』, 『191002 브리즈번』
시조집 『인생 = 손칼국수』

데카르트를 흉내내다 외 2편

조 혜 숙

밤기차를 타고 문득 떠난다
지친 일상은 바다를 열망하지만, 바다를 향한
길은 왜 또 그리 어려운지…
청량리 발 23시 40분 무궁화호 목요일 밤
초로의 나이를 망각한 채 짐짓 청춘을 가장해본다

세계에서 바다가 가장 가깝다는 정동진역
아직 동이 트긴 이른 시간이지만
철썩이는 파도는 허울뿐인 세월을
다 벗어놓으라 한다

누구나 그러하듯이 다 빈손
빈손으로 떠나갈 길을 얼마만큼 왔을까
얼마나 남았을까
아니, 걸어온 길도 가야 할 길도 무의미할 뿐
선악과 한 알로 신의 함정에 빠진

숙명의 원죄를 뉘라서 벗어날 수 있으리

사는 일은 이미 철학을 상실한 지 오래
생각 없이 시간은 흐르는데, 가끔은
아주 가끔은 흉내를 내고 싶기도 하다 데카르트를

문득 떠나와 다시 또 떠나갈 바다에서
해변으로 밀려난 조개껍질 하나를
푸른 바다 동해의 물결 속으로
가만히 밀어 넣어준다

나비에게 휴일이 필요할까

먼 곳에서
내 시간의 물레를 돌리고 계시는 그대
다녀가신 이번 生의 어디쯤
멈춰놓고 싶은 그림자 하나 있으신지요
먹먹한 얼굴로 묻는 내게
강물처럼 유유한 얼굴 들어
우리 윗동네 반푼이 만복이처럼
헤벌쭉 미소 하나 남기시네요

꽃들에게도 나비에게도 휴일이 필요할까요
휴일을 기다리는 달팽이
월요일을 싫어하는 잠자리가
그 나라엔 있는지요
잠 못 이룬 밤 뜬금없는 나의 질문에
묵직한 돌멩이 하나 내 눈꺼풀 위에 올려놓고
또르륵 또또르륵 끊어질 듯 이어지고
잦아들 듯 살아나며
물레를 돌리는구료 그대,
어느새 날 닮은 먹먹한 얼굴로

첫비

첫눈은 있지만 첫비는 없다
아니 아무도 첫비라 이름지어 주지 않았다
그래서 아무리 비를 좋아하는 사람도
첫비 오는 날 만나자는 약속은 하지 않는다
처음이란 말이 얼마나 울림이 큰 낱말인가!
그것은 평범한 일상을 뒤흔드는 설렘이며 감동이다
해마다 어느 날엔간 분명 첫비가 내리련만
한 번도 첫비라 축하 받지 못하는 비는
마치 나의 자화상 같다

사는 일은 휘청이는 일이고
그렇게 휘청거려도 결코 쓰러질 수 없는 길이어서
가끔은 첫눈 같은 울림이 큰 낱말이 필요한데
왜 첫비는 아무도 기억해 주지 않는가

어스름도 물러앉는 늦저녁
지금도 비는 오는데
아무도 의미있게 바라봐주지 않아도
늘 내겐 반가움으로 다가오는 따뜻한 비
비, 비, 비
나를 닮은 나의 비

봉 순 희

아호는 가향(佳香), 2011년 ≪창조문학≫ 시 등단
한국문인협회 회원, 은평문인협회 이사, 창조문학 운영이사, 소우주시 회원, 한여울문학회 회원, 타래시 회원, 문학공원 동인
시집 『봄이 오고 있잖아요』, 『생의 한 줌』, 『빛과 어둠의 경계선에서』
공저 『한여울의 맑은 꽃』, 『소우주시회 사화집』, 『꽃은 울지 않는다』, 『뉘앙스』

햇살이 살아 움직인다 외 2편

봉 순 희

어둠의 늪에 빠져
허우적거리는 오늘 하루

그 빛나던 위용이 허세였던가
이 땅에 땅거미 내리고
가로등불 하나둘 켜지면
도심의 빌딩들은 눈을 감고
암흑의 강물 속으로 몸을 던진다

밤에도 강물은 흘러간다
삶이 파도치는 혼탁한 세상 바다
대낮 동안 짙은 화장과
가면까지 써야만 했던 거리의 얼굴들

달빛 내리는 이 야심한 밤
도시의 어두운 그림자들이

저 차가운 강물로
우울했던 몸과 마음을 행구나 보다

어제의 그 자리에
거대한 도시를 다시 건져 올린
위대한 새벽이여!

햇살이 살아 움직인다
낯익은 거리에
초롱초롱 눈을 뜬 군상들이
이 아침을 걸어간다

마른 풀잎의 맑은 향기

더 높은 집
더 넓은 땅
작은 풀뿌리에게조차
곁을 주지 않는 검은 욕망

하늘에서 내려주는
한여름 은혜로운 햇빛조차
한 손에 움켜주고
나눌 줄 모르는 저 탐욕의 곳간

붉은 비단과
알곡들로 넘쳐난다
이 풍요로운 가을에

그대는 아시는가
빈 등걸 가난한 옷깃에서 나는
마른 풀잎의 맑은 향기
돋아나는 소리를!

마랑포의 푸른 동백

뱃길 끊긴 마랑포*
마지막 불꽃은 꺼져가고

사월 서해바다에 몸을 던진
동백의 눈물이련가
핏빛으로 물들고 있다

시린 가슴 울리는 뱃고동 소리여
님의 발자국소리여
그리운 마음에 피어난
한 송이 불꽃이여
아, 나그네 가슴이 아프다

안개비 덮인 마랑포
봄을 안고 가는
동백의 푸른 치맛자락

* 마랑포 : 서천군 서면 마량리에 있는 포구

이 혜 숙
계간 ≪스토리문학≫ 시부문 등단
고려대학교 평생교육원 시창작과정 수료
한국스토리문인협회 회원
도봉문인협회 회원
문학공원 동인

보름달의 이유 외 2편

이 혜 숙

그녀는 그렁그렁한 눈빛을 감추려는 듯
애써 시선은 먼 산을 바라보고 있다
속마음 들키지 않으려 마음의 문을 닫아버리지만
속에서부터 푸른 상처의 북받침이 신트림으로 올라온다
가슴을 짓누르는 무게만큼의 쌓여진 비언어들이
門을 박차고 지레처럼 터져 상처가 되었다
무엇이 그녀를 이곳까지 끌고 왔는지
도통 기억이 나지 않는다

흘러가는 강물처럼 의미 없는 걸 알았다면
무너져 내리는 것들을 찾아 헤매지 않았을 것이다
그녀는 이제 황폐해진 마음門을 아무도 열지 못하도록
흩어진 언어의 파편들을 단지 안에 눌러 담는다
돌아갈 수 없는 언어들은 별이 되었고
낙서가 된 언어들은 어둠을 채웠다
이제 어디로 가야 하는 것인가
아침이 오면 다시 일어나자고 다짐을 한다

찢기어진 가슴을 달빛으로 가리면서
또다시 마음門을 꼭꼭 걸어 잠근다
지친 마음에 울음이 터지는데
외로움의 빗물은 강물처럼 가슴으로 흐른다
지친 마음이 푸르게 생기로 차오를 때까지
아무것도 기억하지 말자
세상 모든 슬픔의 언어들이 마음門을 박차고 나가
환해질 때까지 어둠의 빗장을 건다

곰탕 우리는 시간

몇 해 전 가족들과 2박 3일 제주여행을 하던 중
두려움과 설레는 마음으로 승마 체험을 하였습니다
말없이 그가 등을 내어주고 터벅터벅 걸음을 시작합니다
정해진 Road만을 향하여 가는 그가 가여워 보였습니다
나라를 건국한 주몽과 같이 거친 광야를 달렸던 그가
얼마나 달리고 싶어 하는지 그의 숨소리에서 느낄 수 있었습니다
안타까운 마음 뒤로하고 몇 해가 지나갔습니다

그가 너른 초원을 마음껏 달리게 자유를 주고 싶어 그런지
세월이 흘러도 여전히 말달리는 소리가 귓전에 맴돌곤 합니다
잠깐의 낮잠을 즐기는 시간에도 점점 더 빠르게 들리더니
말발굽 소리가 점점 더 크게 끊임없이 들려옵니다
만주지역 천리장성을 침범했던 군사들의 함성도 들리고
수많은 군마의 발굽 부딪히는 소리가 가까운 곳에서 들려옵니다

오늘은 아파트 단지를 점령하려고 군사들이 오고 있나 봅니다
졸고 있던 나는 깜짝 놀라 깨어났습니다
커다란 들통에서 말 달리는 소리가 요란합니다
뼈와 뼈가 서로 부딪치며 아우성치고 있습니다
가스 불을 끄니 달리던 말들이 일제히 멈추어 섰습니다
한참을 달려왔으니 오늘 밤은 뼈 마디마디 풀어놓고

푸른 물을 뽀얗게 우리고 있을 것입니다

아침이 오면 온 가족이 구수한 곰탕 한 그릇으로
광야 같은 세상을 우리며 千里馬 같이 달려갈 것입니다

시, 그 즐거운 외도

나는 스물두 살에 그를 만났습니다
행복이 함박꽃처럼 피어나
그의 존재를 까마득히 잊었습니다
가끔은 외식도 하고 여행도 하며
평범하게 사는 것이 행복인 줄 알았습니다
그렇게 삼십육 년의 세월이 흘렀습니다
흰 머리카락이 늘어 가던 어느 날
가슴속에 감추어 두었던 그를 향한 그리움이
내 심장을 뜨겁게 담금질하였습니다
검은 머리 파뿌리 되도록 함께하겠다던 약속은
까맣게 잊힌지 오래입니다
내 가슴속에 숨겨 두었던 그는
삶의 굴레에서 더욱 벗어나라 하였습니다

봄 햇살 따사롭던 날
나의 외도가 시작되었습니다
그의 가슴은 뜨거웠습니다
벗어나고 싶은 만큼 외출이 늘어갔습니다

그를 만나기 위한 나의 즐거운 외도는

나비처럼 하늘을 자유로이 날고 있습니다

김 영 규
강원도 평창 출생
한국문인협회 회원, 한국스토리문인협회 회원
문학공원 동인(창립 회원)
한맥문학가협회 회원, 회전그네시인회 회원

어머니의 기도문 외 2편

김 영 규

남겨진 이들의 허허로운 그림자 박제가 된 통곡의 벽
며칠 밤 향내를 이고 지새운 국화들 처연하게 목 늘어뜨리고
모심으로 죄가 된 허리 굽은 소나무들 순장이 시작되었다
눈물 범람하고 핏줄 불거진 눈들 쏟아질 듯 모인 곳에
봉분 하나 의연히 솟아오르면
낡은 영사기는 간직해 온 필름들을 꾸역꾸역 쏟아낸다
고향이란 허울 좋은 이름으로 당신을 유배시키고
바쁜 일상 앞세워 나그네처럼 다녀가고 도둑처럼 스쳐가며
다정한 포옹 한번 살가운 말 한마디 넌지시도 힘들면서
어렵고 힘든 날엔 당신 잡고 눈물바람 죄책감 없이 쏟아 낸
그런 날들을 뻔뻔하게도 기억하는 죄
휘갈긴 낙서 같은 대화들 예사로 당신 귀 어지럽힌 죄
아픈 약속, 당신 마지막 길 애쓰고 참으며 고초 겪게 한 죄
들짐승처럼 홀로 악쓰고 울부짖으며 발목 잡고 늘어진 죄
미어지는 당신 가슴, 마지막까지 찢어 놓은 큰 죄
헤아릴 수도 없는 순간들이 쇠사슬로 옥죄는데
당신, 가시려나? 다시 못 올 그 먼 길로 어찌 발길 옮기시나?

어머니 걸음 따라 뗏장은 총총 돌고
온 몸 섬모들 회한에 몸부림치며 봉분위로 쓰러진다

고향집, 백 년 넘은 밤나무 쓰러지던 날 알아야 했다
여장부, 평생 움켜쥐었던 두 주먹 힘없이 풀리는 것을
갈 곳 잃은 빈 손짓 허무를 잡고 거리를 떠돌기 전에
서릿발 호령 뒤 남몰래 울음 삼켰던 여인의 외로움을
눈치껏 알아차려야 했다
뿌옇게 내리는 안개 걷어내려고 눈꺼풀 연신 끔뻑거리며
환갑고개 딸의 얼굴 구석구석 살피시던 그 눈길의 의미를
팔베개로 안아주며 하염없이 토닥이던 그 손길의 의미를
쓰다듬던 등위에 순간순간 부서지던 바스스한 떨림은
막내딸 위해 간절히 기도하던 당신의 뜨거운 통곡이었음을

구름이 해를 가리는 날엔 두려움과 그리움에 한기가 든다
눈물에 답하며 쏟아지던 억수 같은 오월의 비가 다시 올까봐
쪽창 쏟아지는 햇살처럼 지긋한 당신 눈빛 지독히 그리워져서
어머니, 모든 걸 비웠을 때 비로소 보았네
한평생 불끈 쥐었던 두 주먹 속에 감춰진
애끓는 당부로 절절하게 써 내려간 눈물의 기도문

장미는 왜 가시를 세우는가

찔러도 피 한 방울 안 나오겠다던 무채색의 그 아이
작은 바늘 끝에 찔려 잠이 들었다

빨간 장밋꽃잎이 한 잎씩 복도에 뚝뚝 떨어지면
볼이 빨간 아이들은 괴성을 지르며 그 위를 지르밟고 달렸다
꽃잎은 처참히 이 발 저 발, 아래서 뭉개지고
영화 속 피에로처럼 얼굴에 흰 분칠을 더해가던 아이
어느 날인가
구멍이란 구멍으로 온통 꽃잎을 날리며
얇고 투명한 숨이 안개처럼 날릴 때
처음 그 아이의 희미한 미소를 보았다
백짓장처럼 한없이 얇아지고 가벼워지는가 싶더니
날개가 돋는 듯 미소를 날리던 그 아이
누군가 아이에게 하얀 – 면사포를 씌워 줄 때
주저앉던 아이 엄마에게서 가랑잎 부서지는 소리가 났다
'언젠가 백마 탄 왕자님이 나타나면
저 아이도 눈을 번쩍 뜰까' 생각이 들었다

외진 골목
바람에 떨어진 장밋꽃잎이 이리저리 흩날린다.

그날의 꽃잎이다
차마 밟을 수 없어 이리저리 비틀비틀 까치발을 들고 걷는다
저리 많은 피를 쏟고도 장미는 여전히 가시를 세우는가?

고단을 눕히다

층층이 늘어선 갈비뼈 사이에서
한 줌의 영혼 격한 호흡에 묻어 빠져나가 버리고
빈곤의 세월을 켜켜로 받치고 벌서던 척추
오소소 부서져 내린다
기껏
21그램*의 호흡을 버렸을 뿐인데
마른 가랑잎처럼 부서진다
쉽다, 쉬워도 너무 쉽다
버려진다는 것이
저 밑바닥부터 차오른 애통이
창자를 타고 올라 숨통을 조이며
마그마처럼 온 내장을 휘저으며 녹일 때
참을 수 없이 핏대가 오르며
타협할 수 없는 절대자의 권한에
도전하고 싶은 충동 불같이 일었다

갈퀴처럼 쓰고 산 손과
가뭄 든 논바닥같이 쩍쩍 갈라진 발바닥
세월에 치여 새우처럼 굽은 등 뒤로
살며시 지구가 팔 벌려 안으면
비로소 시작되는 길고 고요한 휴식

안식은 짐을 벗는 행위에서 시작 되었다

떠난 것은 잊어지고 슬픔은 지워지는 법
세월의 키가 한 뼘은 자란듯한데
부평초 같은 슬픔의 키는 반으로 줄어있었다

* 21그램: 미국 내, 외과의사 던컨 맥두걸이 질량보존의 법칙 하에 측정한 영혼의 무게가 21그램이라고 주장, 미국 의학지 및 미국심령학회지에 발표함. 개, 쥐 등 동물 실험에서는 변화가 없어 사람만이 영혼이 있음을 입증함.

조성복

아호는 화담(和談), 보석디자이너, 보석감정사, 2017년 ≪창조문학≫ 시부문 등단, 2018년 ≪창조문학≫ 수필부문 등단, 창조문학회 회원, 한여울문학회 이사, 한국스토리문인협회 회원, 문학공원 시동인, 자작나무수필 동인 시집 『아침을 여는 소리』, 『물푸레나무처럼』, 시수필집 『추억, 너에게로』, 『시인의 마을』, 수필집 『양말 꿰매는 남자』

방관자의 시선으로 외 2편

조 성 복

모처럼 연휴
베란다에 쌓아 둔 박스를 정리하는데
깜박하고 버려둔 묵직한 과일박스가 보인다

열어보니 작년 추석에 들어 온 과일이다
사과 반, 배 반
껍질은 할머니 뱃가죽처럼 쭈글거렸고 깍아낼 때마다
과도가 민망할 정도로 뚝뚝 베어져 나갔다
밑 부분은 곪아 시커멓게 고름이 찼고
주변을 도려내야 남은 살이라도 건질 수 있었다

껍질을 떼어내고
씨 부분을 도려내고
곪은 부분 도려내니
먹을 수 있는 뽀얀 살은
얼마 되질 않아 입맛만 버렸다

어느 날
내게 친절하지 않은 사람
내게 불편하게 해서 싫은 사람
자기만의 중심 세계에서 프레임이 강한 사람
도움이 안 되어 내게 필요치 않은 사람을
고르다 보니 내 옆에 남은 사람은 손가락 안에 있었다

예전에 외할머니께서는 동네 걸인도 내게 필요할 때가 있다고 하셨고
사람으로 우열을 가리면 안 된다고 하셨던 말씀이 기억난다
어우러져 영양가를 공유하는 껍질과 살점이 따로 떨어져 버려지면서
과일의 본능을 상실한 걸 본다
서로 보듬으며 함께 해야 하는 것이 진리가 아닌가 싶다

사랑 · 1

- 촛불

사랑이 아파서 웁니다
내게 주어진 시한부 사랑

겨울을 재촉하는
비 오는 밤

춥고 외로운 당신에게
불꽃이 되어

당신의 머문 자리에
빛이 되어

고운 숨결 함께 느끼며
이 밤을 태우렵니다

내 뼈마디와 영혼
모두 녹아내리는 아픔이

당신에게
충만한 사랑으로 머물러

행복할 수 있다면
그리하겠습니다

당신의 행복을 위해서

사랑 · 2

- 담쟁이

곱게 비추인
찬 이슬 머금은 아침

산들바람과 함께
춤추듯 나풀대는 여인이여

이 밤도 굴곡진
당신의 몸에 얼굴을 묻고
부비며 엉킨 물오른 사랑

애틋하고 절절한 사랑 부러워
가던 길 멈추고 바라보는 나그네

이 가을 추억 속에 묻힌다 해도
알알이 맺힌
사랑의 열매는 남으리

한 부 연
2022년 ≪스토리문학≫ 등단, 캐나다 거주
한국스토리문인협회 회원, 문학공원 동인
이메일 : buttyounie@gmail,com
https://photos.app.goo.gl/4hsDivDVVaTreMUd8

밤하늘 이야기 외 2편

한 부 연

까만 보자기에
달랑 송편 한 개
말랑한 반죽에 훤히 들킨
콩가루 한 술

먹기도 아까워
턱 괴고 점 찍어 눈독 들이는데
구름이 덥석 먹어버리네

얄미워 흘긴 눈
무안한가, 체할까
슬그머니 뱉어 놓는데

깨문 이빨 자국 사이로
투두둑 흩어진 콩가루들
보자기 가득 곰실거리네

파도는 지금

청소하는 중
문명의 배설물에 백태 낀 백사장
어미 소가 걸어 나와
날름날름 태막을 걷어낸다

조각하는 중
세월의 앙금 갯바위
망치든 석공이 걸터앉아
톡톡 땀방울로 가슴을 벼린다

성형 수술 중
세파 골에 낡은 얼굴
하얀 거품 물은 의사가 부릅뜨고
박박 모래밭의 골 패인 주름살을 긁어낸다

죽음보다 더한 산통
퍼런 멍 옹이로
하얀 단내 뿜으며

아득히 걸어온 여린 꿈
늪 속 질척임을 보듬고

시냇가의 자갈밭을 갈아 온
푸른 소망의 밧줄을 물고
솨… 솨… 내게로 달려온다

백사장에 흐르는 달빛 아래

반백 년 돌아 그 모래밭에 다시 오니
파도가 켜는 현금 소리에 홀려
달빛 얼큰한 어깨에
추억이 춤을 추누나

별빛 우린 주발에
찬 이슬 스미는데
오시는가 그리운 옛 임이여

님이여 그대 목청에
옥구슬이 그립구려

내 안에 철부지는
모래밭 달빛을 줍고 있는데
서러운 옛 임은 그림자도 없으신가

금빛 젖은 춤사래만
파도 타고 흐느끼네

이 연 직
한국스토리문인협회 회원, 문학공원 동인
경영지도사
전) 가천대학교 겸임교수
전) (주)삼립식품 상무이사

엄마의 기이한 칭찬 외 2편

이 연 직

아이가 체육관에서
신나는 놀이를 하다 떨어져서 팔을 다쳤다
급히 병원 응급실로 가서
아이는 부러진 팔을 움켜잡고
울상인 얼굴에 눈물을 머금고 있는데
엄마가 달려와서 아이에게
"다리를 다치지 않아서 걸을 수 있으니 얼마나 다행이냐
또한 왼팔을 다쳐서 밥은 먹을 수 있으니 참 행운이다
다정하게 얘기하니
아이는 모든 걱정을 떨치고 밝게 웃는다

둘의 모습이
산속의 아침 이슬처럼 영롱하다
칭찬으로 보이지 않는 아늑한 말
말 한마디가 따뜻한 난로가 되어
아이의 무서움과 공포를 활활 태우네

고교 시절

어른도 아닌 것이 어른인 양 화장실에 숨어서
담배를 피우다가 화장실 마룻바닥에 불을 내고
교실로 달려와서 양동이를 들고 가서 불은 껐지만
정학을 배터지게 먹었다
이후에 그 친구는 "야! 불이야"로 불렸다.
일군의 무리들은 경험하지 못한 것도
경험한 척 'OO에 갔었다'고 자랑도 한다
아무런 이유도 없이 옆의 짝에게 싸움걸기
또는 나이가 많다고 자랑하면서
짝을 동생처럼 대하는 것도 흔히 있는 일
그때는 주민등록증 보이기가 유행이었는데
빠른 동작으로 눈앞에 내밀었다가
얼른 감추는 행동은 번개처럼 빨라서 잘 볼 수가 없다
고교생은 소설가보다도 더
이야기의 구성 배경 시공간을 잘 엮어내어서
버스 안내양과의 로맨스를 풀어갈 때는
경험한 사람보다 더 사실처럼 얘기하기도 한다
광화문에서 버스를 타지 않고
다음 버스를 기다리기에
왜? 물으면 다음 버스에 애인 차장이 있단다
그 친구는 남겨놓고 버스를 타니
멀리서 통학하는 친구가 자리에 앉아 있었고

친구들이 주위에 서 있는 여학생의 가방을 뺏어다가 그 친구의 무릎에 얹었다

눈 밑에까지 산을 이룬 책가방들

육십 년 대 후반의 책가방은 도시락을 넣어서 아주 무겁다

버스는 콩나물시루이었고, 발을 놓을 틈이 없어 한 다리는 들고 있어야 할 때도 있었다

아뿔사! 내려야 할 정거장에서 여학생들도 움직일 수가 없어서 책가방을 받을 수가 없었다

그래서 여학교의 정문 앞에서 책가방을 다 돌려주고 돌아오는 버스에 탔으나 지각했고,

호랑이 선생님에게 지각 사유를 설명했다

오늘은 죽었구나! 생각하면서 손바닥을 앞으로 내밀었으나, 선생님이 자리에 가서 앉아!

기사도를 발휘했으니 용서하는 거야!

그래서 그 친구의 별명은 영원히 자랑스러운 '기사도'

그래서 늘 그들 곁에 있으면

갓 잡은 생선의 비린내와 펄펄 끓는 피냄새가 달짝지근했었다.

마스크 예찬

- 결혼식에 참석하면서 생긴 일

아끼는 이태리 양복
따뜻한 순모의 모자
순백의 마스크를 착용하고

한강을 건너서 첫 정거장 옥수역에 내려서
시계를 보니 3시 20분이다

유유자적 걸으면서 결혼식장으로 향하는데
위치를 알지 못해
길가에 서 있는 젊은 아주머니에게
옥수성당이 어디에 있나요? 묻는데
옆에 있던 아들인 듯 유치원생이
아저씨! 우리도 그 성당 가는 중이니 같이 가요
뭐? 아저씨
40년 전에 불리던 호칭으로 다시 불리다니
내가 카멜레온인가

진정, 그 유치원생에게
맨얼굴로 그렇게 불릴 수 있다면
40년 전에 불리던 황홀한 그 호칭으로

결혼식에 참석하는 길이 아니고
집으로 가는 길에 이런 일이 있었다면
결혼식 답례품은 그 아이 손에 옮겨졌겠지

이 선물 아빠 드려라
아저씨가 주신 거야, 하면서

귀가한 후 거울 앞에서 나의 얼굴을 유심히 보면서 웃는다
실성한 것처럼 실실 웃는다
자꾸만 웃는다
또 그 아이를 만나고 싶다

주 신 옥
≪백두산문학≫ 등단, 한국방송통신대학교 국어국문학과 졸업
한국스토리문인협회 회원, 문학공원 동인
2019 서울 지하철 승강장 안전문 시민 창작시 공모전 선정. 서울시립대학교 평생교육원 행복한 시 창작반 수료. 방송대 프라임칼리지 시인과 함께하는 시 창작 실습반 수료

반세기만의 여행 외 2편

주 신 옥

반세기 만에 돌아온 유년의 뜰
작은 마당에 둘러앉아 공기놀이하던
단발머리 소녀 반백이 되어 여기 섰다
가마니 깔아놓고 소꿉장난하는 친구들의
재잘거림이 바람 타고 흩어진다

고추잠자리 여전히 빨랫줄에 앉아 졸고 있는데
담장에 기대섰던 잎 큰 오동나무 어디 갔나
먼지떨이개 거꾸로 들고
쫓아오던 엄마 피해 숨어들었던
헛간의 동그란 문고리는 그때를 기억하고 빙그레 웃는다

석탄과 함께 사람도 자동차도 떠나버린 폐광촌
잡초는 자라 길을 막고
무너져 내린 집에는
들쥐와 고양이가 주인이 되었던 황무지에

싱그러운 나무마다 열린 사과가 탐스럽다

반 친구들이 이름 한 번씩 부르며
지나가던 소리 귀에 쟁쟁한 길갓집
이제 과수원 안에 오도카니 앉아있다

고소한 죽음

참깨를 볶으면
파닥파닥 참깨들이 몸부림친다
견딜 수 없는 고통에 제 키만큼 뛰어오르며
외마디 비명을 지른다
목숨이 끊어지는 마지막 절규다
한 소리에 한 생명이 죽음으로 떨어진다

목숨이 다 하는 날
참깨들 같이
고소함을 풍기며 죽을 수 있다면
사람들도 잘 살다 가는 인생이라
말할 수 있겠다

비 내리는 밤

번개 하늘 가르고
천둥 부서져 내리는 밤
낮에 본 담장의 능소화는
꽃송이를 떨구고 있겠지
늦도록 소리 지르던 매미는
어디론가 숨어버렸지만
생각들이 방안 가득하여
잠 못 들고 뒤척이는 밤

헤어진 첫사랑은
어느 하늘 아래서 행복해하는지
좋아했던 음악 선생님은
어느 여인의 남편이 되었을까
하교 후 만나자고 쪽지 주고 달아난
까까머리 소년도 나만큼 나이를 먹었겠지

세월 속에 흘러간 꿈들에 미련이 남아
고요한 마음에 파문을 여울지게 하는 밤
빗소리를 모으며 시간은 지나고
가슴속에 오래 묵은
빗물 한 사발 퍼내고 싶은 밤

전 주 은
계간 ≪스토리문학≫ 등단
한국방송통신대학교 국어국문학과 졸업
고려대학교 평생교육원 시창작과정 수료
한국스토리문인협회 회원, 문학공원 동인

우리는 사계다(We are four seasons) 외 2편

전 주 은

태어나서 스물다섯까지 우리는 봄이었다
부모가 뿌린 씨앗으로 알 듯 모를 듯 생명의 순이 자라더니
어느 날 꽃으로 피워지고 있었다
봄볕에 덜 여문 춘곤증이 몰려와도 아지랑이 꿈을 키워가며
희망과 기대를 품은 개나리와 같았다
벚꽃에 취해도 누구 하나 입 대지 못하는 건
저 때가 제일 좋을 때지, 라는 부러움의 시선들과 교차하면서
그렇게 우리의 봄은 영글어가고 있었다

이후 오십까지 우리는 여름이었다
우리의 여름은 더웠고 소나기는 자주 내렸고 유독 장마도 길었다
덥고 습한 삶의 이유로 숨이 턱까지 차올랐고
열대야 같은 시간들이 이미 우리를 불면에 길들여 놓았다
예기치 못한 태풍에 방어권이 무너진 적도 몇 차례 있었다
풋내 나는 열무 길들이는 방법을 몰라 실수도 여러 번
제습기로 눈의 습기까지 피하고픈 날들

불볕더위가 빨리 꺾이기를 기대하면서
여름은 우리의 살결을 태우고 지나가고 있었다

선선해진 문턱을 밟고 일흔다섯까지 우리는 가을이었다
억척으로 견뎌낸 여름을 보내고
릴렉스한 유난을 떨어도 과욕은 아닐 것이다
여름에 키워 놓았던 열매에 잘 익은 과실만 골라 수확의 케미를 가질 것이다
서툰 농부지만 추수감사절 예배를 준비하고
다가올 추위를 위해 미리 안팎을 살필 것이다
하나둘 떨어지는 낙엽들에 눈물을 훔치고
해가 짧아지는 일에 의연하게 받아들일 마음을 준비할 것이다

아쉽게도 추운 겨울을 날 수 있다면
그건 우리의 능력 밖이라 생각할 것이다
하지만 바라건대 우리가 감당할 적당한 눈과
한 두 번의 한파는 우리도 받아들일 것이다
여태 그 정도의 아량은 지켜냈으니
집행유예를 선고받은 우리로서는 충분히 감당할 수 있을 것이다
그러나 폭설로 고립되는 일이 생긴다면
우리의 겨울은 서러운 계절로 기억될 것이다
욕심이 있다면 우리의 겨울이
유독 추웠다는 계절로는 남지 않기를 기도할 것이다

내가 생각하는 좋은 사람은

상대의 말에 귀 기울여주는 사람입니다
관심 받고 있다는 마음이 생길 테니까요
큰 목소리보다 자상한 말투를 가진 사람입니다
주위에서 눈살을 찌푸릴 수도 있을 테니까요
남을 비난하지 않는 사람입니다
어차피 자신의 들보가 더 클 테니까요
가시 돋친 말은 삼가는 사람입니다
상처가 아무는 동안 마음은 다쳤을 테니까요
뱉은 말을 책임지는 사람입니다
무책임한 것으로 마음이 주저앉을 테니까요
주위와 잘 소통하는 사람입니다
혼자 사는 삶이 아닐 테니까요
섬세함이 있는 사람입니다
작은 일에도 눈물이 날 테니까요
내유외강의 사람입니다
의지할 수 있을 테니까요
양심에 부끄럽지 않게 사는 사람입니다
존중 받으며 살아갈 수 있을 테니까요
사랑한다는 말 이전에 배려할 줄 아는 사람입니다
말은 흩어지지만 마음은 두터워질 테니까요
혼자서만 희생한다고 말하지 않는 사람입니다

어느 누구 하나 희생 없이 살지는 않을 테니까요
거짓말은 하지 않는 사람입니다
신뢰는 회복하기 어려운 일이 될 테니까요
지키기 어려운 약속은 하지 않는 사람입니다
기다리는 동안 또 한 번의 좌절을 할 테니까요

무엇보다도 자신을 속이지 않은 사람입니다
그것에 내가 그를 믿는 가장 큰 이유일 테니까요

뱃살이 하는 말

나가 계속 말해왔제
그동안 그리 잔소리해도 씨알도 안먹히더만
지 혈압 오르니께 인자사 살 뺀다고 지랄이여
진작 좀 덜 먹고 운동 좀 하제
내가 말할 때는 귓등으로도 안듣더만
인자 지도 한계치가 왔나벼
살짝 겁먹은 것이제 오히려 잘 됐어야
지금에라도 정신 차렸응께 그나마 다행인 것이제
나도 인자 숨 좀 돌려도 되겄지야

꼭 하는 짓이 월매마냥 줏대 없이 굴더만
이번만은 작심삼일 하면 안 되야
지발 끝까정 지조 좀 가져주면 좋것다야

모르긴 몰라도 향단이가 너보다는 훨씬 날씬할 것이구먼
우린들 뭐 낭창낭창한 춘향이처럼 되지 말란 법 있남
에스라인인가 그거 한 번 만들어봄세
그라믄 틀림없이 천하의 이몽룡이도 반할 것이구만

어차피 우리는 한몸인께
죽어도 같이 죽고 살아도 같이 살 것이여

사는 게 뭐 별 거간데
사는 동안 욕심 안 부리고 건강하게 잘 살다 가믄
그것이 호강이고 성공인 것이제
꾸준히 노력하다 보면 언젠가 우리 팔자도 펴질 것이여
암만

명 서 영

2005년 ≪심상≫ 등단, 국립청양대학교 교양국어 전강사 등
2005년 한국문인협회 청소년시문학상 수상, 2009년 5.18 문학상 수상 『시계』
시집 『오르가슴』, 『부서지는 집』 『시계』, 시읽기 감상작품 『시 맛있게 읽기』. 논문 『김춘수 시의 이미지 연구』

소나무 분재 외 2편

명 서 영

나뭇가지마다 전깃줄에 칭칭 감겨있는 어린 소나무를 샀다
탯줄에 목이 감겨 나온 갓난아기처럼 나무
옹알옹알 참새소리가 아득하다
산고기만 먹는다는 돌고래가 수족관에선 죽은 고기를 먹듯
배냇저고리부터 길들여지고 있는 소나무
오라인 전깃줄을 자르자 꿈틀꿈틀
누군가를 가두려다가 갇히고 만 전깃줄이 먼저 도망을 간다
세상 한쪽 원칙과 반칙은 적과 친구로 늘 한 선상에 서 있다
참새 울창했던 산모퉁이 목 빳빳이 세우던 솔 아비와
참새 등에서 졸다 미끄러져 뿌리가 한 뼘씩 더 자라던 전깃줄은
옆집에서 항상 함께 있었다
늙은 전깃줄을 바라보고 있는 배고픈 아기 나무
참새들이 하늘에 적어 놓았다는 아비의 빚 상속은
천문학적 증여세는 기억도 없다
한순간 헝클어지고 끊어진 관계들이 집안 가득 지저분하다
뾰족뾰족한 잎씩 길들여진 편향된 나의 일상들이 더 울창해지도록
물 한 바가지 아기나무와 나눠먹는다

소래포구에서

'어물전 망신 꼴뚜기요'
망신살 뻗듯 햇살이 포구 구석구석까지 뻗어있는
짭조름한 정오
바닷길이 소래산을 깃발로 세우고 열렸다
그물망에 잡힌 물고기처럼
길 가득 밀물지는 사람들
상인들 목소리가 팔딱팔딱 뛴다
'제 맴은 덤유'
크게 벌린 상인의 꽃게 손가락이
지폐에 꼼짝없이 물려 쓰러진다
순식간 바다를 한 아름씩 손에 쥐고 흘러가는 사람들
늘어선 머리마다 비늘처럼 반짝인다
지느러미를 포구에 담근 소래산이
구름을 걷어 올려 머리를 내밀고 있다

인삼밴자민

결혼기념일에 사온 인삼밴자민
화려하고 묵직한 도자기화분 인물에 반해
이십 년 만에 분갈이를 한다
커다란 화분에 작은 나무, 몇십 년은 거뜬할 거야
거뜬하도록 화분 안은 온통 스티로폼뿐
덩그렇게 말라비틀어진 햇살
하얗게 퇴화된 한 줌의 흙
뿌리 몇 개가 흙에 꽉 잡혀 까치발로 서 있다
이 집 귀신으로 뿌리 내릴 것이야 인삼밴자민
아직도 깨지 않은 잠이 흔들리고 있다
인삼과 밴자민이 하나
한 집에 짓이겨진다는 것
그러고 보면 처음 이 집에 올 때부터
배배 꼬여 뒤틀려 있던 나무줄기
여기저기 잘린 나뭇가지들
나무눈*을 잃은 나무, 눈에 뵈는 것이 없었을 것이다
더듬더듬 똥구멍까지 힘주어 잔뿌리 몇 개 내고
이쪽저쪽 싹 틔운, 갈팡질팡 길 튼 흔적들
누가 알까?
밤마다 흠뻑 사레들리다 나체로 깬다는 걸
강산이 두 번 변하도록 실컷 물 먹었다는 걸

나무 혓물켜다 대궐 같은 화분에서 쫓겨났다
화분 위에 있던 바싹 마른 사리가 된 잎들
우수수 추풍낙엽으로 굴러 떨어진다
목마른 하늘에 인삼향기가 쓰디쓰다

* 봄철에 나뭇가지에 싹이 트는 보풀보풀한 부분

3부

울타리도 함께 짖었다

김 태 선

세종시 출생, 안산 거주, 월간 ≪시see≫ 시 등단, 계간 ≪스토리문학≫ 시조부문 등단, 안산문인협회·한국스토리문인협회 이사, 한반도문인협회 시 부장, 안산제일교회 풀잎문학회 홍보국장, 문학공원 시동인, 2017년 제12회 전국 상록수 백일장 우수상, 2021년 한반도문인협회 공로상. 2022년 한반도문인협회 시부문 최우상, 시집 『공작기계는 삶과 꿈이다』 시조집 『어머니의 빈 의자』, 동인지 『서랍 속의 바다』, 『뉘앙스』 외 다수, 이메일 : taesun891@hanmail.net

공작기계 외 2편

- 기계탭

김 태 선

가공된 링 제품
피시디 선
둥근 달처럼 원형 그려
노기스 어미눈금 아기눈금 맞춰 마킹한다

마킹된 바이스에 고정시킨 후
재확인 4.3파이 드릴 콕콕 마킹
다음은 6.8 파이로 깊이 25
마지막 탭기계 작업을 하다

오른쪽 회전 탭 들어가고
왼쪽 회전 탭 나오는 과정에서
찌이익 소리내며 반으로 부러진다

젠장 탭은 꼼짝하지 않고
기름밥을 주어도 들은 척 만 척

박히면 빠져나올 줄을 모르니
외주에다 방전 조치하여야 한다

탭 기계든 피시디 거리 불량 나든
모두 낭비 돈이다
제품 가공할 때에는 정신 집중함으로
완제품 가공할 수 있다

정신을 집중하지 않으면 모든 게 끝장이다

K2 등산화

10년 전 고향 동창 모임에서
파란색 분홍색 한 쌍
등산화를 마련하였다

얼마나 산에 오르고 걸었으며
말굽처럼 달아 덜렁거려
틈새가 벌어져 바람소리 솔솔 들린다

주말을 맞아 안산 중앙역 뒤편
K2 지정장소를 찾아갔지만
그 자리엔 소리 없이 사라져 보이지 않았다

신발 가게 상점을 빙빙 돌아
아저씨 이 근방에 K2 상점은 어디에 있습니까
모르겠다며 구두를 수리하는 데 가보라 말한다

오 그곳에서 수리도 합니까
아저씨 이것 밑창 갈려고 하는데요
수리 못 한다며 롯데 백화점에 가보라 한다

나는 다시 큰 길 따라 뚜벅뚜벅

청색 신호 보도길 건너편 롯데백화점 4층
수리 비용은 3.8000원이다

재활용 수거에 버리고 하였는데
애착이 있는 등산 운동화이기에
K2 수리점에 접수하니 마음이 홀가분하다

전화할 때가 기분 좋더라

또르릉 또로릉
멜로디 소리

부드럽게 신호 가다가
거칠게 울리더니

여보세요
나여

왜 무슨 일이 있는지
갑자기 전화하시는 겨

아니 연장 시간이라 일해
속이 좋지 않은데 괜찮은지

어제는 속이 안 좋아 토했는데
오늘은 괜찮아

그려 너무 신경 쓰지 말고
마음 편하게 지내야 건강해

격정하지 마시고
무사히 일 마치고 있다 보시길

알았으니 저녁 식사하고
이만 전화 끊을 게 있다 봐

권 영 분

1999년 계간 ≪뿌리≫ 시등단, 뿌리문학회 회장 역임, 詩歌 흐르는 서울 월간문학상 선정위원, 뿌리문학상 시부문 신인상 수상
시집 『그리움 하나 강물에 띄우고』 (2003),
『잔치는 시작됐다』 (2010), 『하늘갤러리』 (2015)
이메일 : sowon0106@naver.com

봄들녘을 드립니다 외 2편

권 영 분

한겨울을 이기고 나온
봄 들판의 나물들을 뜯어서
정성껏 요리하여
당신 밥상을 차립니다
이 봄 들녘을 다 드렸으니
생명의 봄 희망의 봄
봄들녁을 둘러메시고
봄처럼 귀한 능력을 보여주세요
당신의 마음이
봄처럼 신선하고
희망이 되었으면 참 좋겠습니다

어머니의 몸

삼복더위를 보내시느라 지치실까
땀 젖은 어머니의 몸을 씻겨 드립니다
우리 오남매가 먹고 자란 어머니의 젖가슴
어머니의 몸을 살살 닦아드립니다
야윈 두 다리로 세상 길을 걸으시는
그 감사함에 눈시울 젖어 옵니다
우리들을 낳아주시고 키워주신 그 사랑과 정성
어머니의 작고 예쁜 발을 씻겨 드릴 수 있어서
어머니의 신발을 사드릴 수 있어서
순간순간 울컥울컥 어머니의 크신 사랑에 감사드리며
칠십을 바라보는 내가 어머니를 부를 수 있는 행복함
가장 귀하고 소중한 나의 어머니
사랑합니다

욕심

어느 산밑에서
꽃보다 예쁜 단풍에 취해
가을날 오후
낙엽 위에 누웠다
사람들은 나를
술 취한 취객인 줄 알겠지만
나는 자연 정취에 취해
자연에 빠진 낙엽의
한 일부분인지도 모르지요
뭐 하고 있냐고 물어본다면
낙엽 한 잎의 무게이고 싶어서
욕심을 버리고 있다구요

김 탁 기
≪스토리문학≫ 수필부문 등단(2020년)
한국스토리문인협회 회원, 문학공원 동인
삼환기업, 대성산업, 천주교유지재단근무(현)
이메일 : tarkinet@hanmail.net

허물 외 2편

김 탁 기

휜하게 잎 진 나무에
오랜 어둠의 시간을 벗은 매미의 허물이 달려 있네
홀가분히 마음껏 노래하다가 떠난 흔적

나의 허물은 어디에서 왔는가
쓸쓸함과 아쉬움이 사다리에 주렁주렁 매달려 있고
벗어놓은 곳이 없기에 허물덩어리인가

매미도 애벌레의 허물로 자라는 것이니
탈피하여야 할 과정일 뿐 허물없기를 바라지 말자
허물이 커도 허물없는 사이이고
너와 나 사이에 끈끈한 선이 있다는 것이니

온몸이 허물이나, 허물이 크다고 피할 일도 아니다
세상의 허물은 시간의 흔적일 뿐

낙천세계(樂天世界)

잠실 사거리에 거대한 고등어 한 마리 있다
우주에서 행성의 바다를 헤엄치다가 유성으로 내려와 커다란 꼬리를
하늘에 두고 지구를 들여다본다

하늘 높이 은비늘을 번쩍이며 기둥이 되어 하늘과 땅을 받치고
거대한 수미산이 되어 안팎에서 삼천대천세계를 경험한다 땅 위만으로도
일백이십삼 계의 세계를 이룬다
기적의 한강 누에머리 곰실대던 벌판을 굳게 딛고 세계를 호출하고 멀리
서해의 푸른 물결이 부서지고 동으로 설악의 이마가 희다

새로운 우주가 웅숭깊은 바다를 이룬다
땅위에는 높은 어족들이 은빛 비늘을 반짝이며 끝없이 몰려오고 밀려가며
땅속에는 세밀한 혈관들이 힘차게 돌아 백혈구를 한 아름씩 쏟아놓는다
항상 수많은 벌떼가 웅성거리고 새로운 세계는 웅대하고 호사스럽다
벌떼의 힘이란 실로 어마어마한 일이다

고요한 바다'에 남겨진 닐 암스트롱의 발자국은 어떻게 되었을까 아폴로
11호의 아폴로는 태양의 신이지

혹시 벌들의 멈추지 않는 욕심에 천둥을 치지 않을까 번쩍이는 비늘의
거대한 꼬리로 하늘을 치지 않을까 땅이 전쟁과 기후 변화와 질병으로
구토를 하지 않을까를 염려한다

고등어의 영혼은 이제 육천사백 킬로의 터널에서 붉은 여의주를 삼키고
지구를 종단하여 대륙을 돌아 제주 앞 푸른 바다를 여행하고 있다
작은 한 마리 고등어가 되어 지나가는 여객선의 뱃전을 뛰어오른다
순리는 찬란하고 진정한 자유는 아름답다

* 잠실 롯데월드타워 123층을 보고

탈춤을 추다

2호선 전철 안
서로 마주 보며 앉은 얼굴들
모두 얼굴의 반을 일률적으로 감추고 있는
말 없는 석고 위의 가면 상이다 두려움도
마주 봐야 하는 어색함도
보여주기 싫은 모습도 슬쩍 숨기고도 있다

누구나 탈바가지 하나쯤은 가지고 살지만
저 감추어진 너머의 두려움
모두 가슴에 안은 채, 어깨에 멘
돌덩이 하나 있어
가려진 무표정으로 묵묵히 전철을 탄다
별빛이 숙명으로 던져 준 일상을 지고 가기 위해
그저 묵묵히 움직여야 한다

별은 뜨거움이 일렁이는 가슴도 주었나 보다
무표정의 저 얼굴 속에도 뜨겁게 타오르는 불길 있어
묵묵히 갈 길을 간다

저 뒤편의 숨겨진
맨얼굴의 사랑으로

김순분
1939년 경북 김천 출생, 고려대학교 평생교육원 시창작과정 수료
2016년 한문교사 자격증(3급) 취득
2022년 한국문인협회 동작지부 시조 부문 신인문학상 수상
2022년 캘리그라피 지도사 자격증 취득
이메일 : ksb390427@naver.com

〈시조〉

다시 찾은 목도장 외 2편

김 순 분

장롱 안 오래된 가방 속 이름 하나
화려했던 지난날 회상하며 누워있네
아무도 부르지 않아 기척 없이 있었다고

세상 밖 나와 보니 무뎌진 얼굴선
이리저리 닦아내니 예전 영광 살아나네
꽃단장 빨간 입술로 자 다시 출발이다

할미꽃

생전에 못다 한 일 꽃으로 피웠는가
허리 펼 날 없었던 등이 굽은 울 엄니
굴곡진 삶의 이랑에 호미가 되셨네

이끼의 꿈

젖은 날이 너무 많아 너는 참 춥겠다
괜찮아, 촉촉한 꿈 한가득 품고 있어
꽃피울 생각에 잠겨 살다 보니 우담바라

이 옥 순
전남 여수 출생, 한국방송통신대학교 국어국문학과 졸업
≪한국문인≫ 시부문 등단, ≪스토리문학≫ 수필부문 등단
2018년 새한국문학회 회원, 한국스토리문인협회 회원
강북문인협회 회원, 문학공원 시동인, 자작나무 수필동인
이야기보따리 동인, 수용미학연구회 회원
시집 『통 큰 여자』, 수필집 『어머니의 겨울나기』

오월 외 2편

이 옥 순

실록의 계절 초록 물결이 춤추는 대지
농부들은 씨를 뿌리고 흙은 말없이 다
받아 자식들 키우려고 준비를 한다

싹을 틔우고 부지런히 키워낼 것이다
가정의 달 오월 어버이의 달
이웃과 정을 나누고 상추가 자라면 나누어 먹고
고추 온갖 쌈채소 나누는 마음은 힐링이네

가슴에는 카네이션 달고 마늘쫑 뽑고 노란 유채꽃
농부들의 마음을 위로하지요

부푼 가슴으로 자녀들 선물 준비하느라 이마에는
땀방울이 송글송글 맺혀도 마음은 기쁨으로
맞이합니다

진달래

겨울잠에서 깨어 봉긋 얼굴을 내밀더니
이제는 온 산을 분홍 빛깔로 수놓았네

갓 시집 온 색시 모습 어여삐
지나가는 벗들도 함박웃음으로 하답하구려

새들도 짹 짹 짹 산등성 위도 골짜기도
찬양의 울림이 메아리치네

오봉산에도 북악산 언덕 돌 틈에도 살포시
찾아오시었네

잠에서 깬 얼굴은 분홍 옷 갈아입고
님 마중 오시었네

귀여운 우리 애기들

처음으로 세상 구경 나오니 사람들은
마스크 쓰고 아가야도 따라 쓰고
영문도 모르고 어른들이 하라 하니 따라 했지
아가야 천사 같은 모습이 너무 귀여웠지!

울 옥상 텃밭에 고추 상추 방울토마토
빨강 노랑 토마토 땡초 당초 다 심었네
부추, 대파 조금 심고 감자, 고구마 조금 심고 우리 아가야
놀러 오면은 식물도감 찾아 알려주고 미소지을 것이다

함박꽃 나리꽃 백일홍 꽃들도 찾아서 보여주면
좋아라 좋아라 재잘재잘 하겠지

처음 세상 구경 나오니 신기하고 신기하구나
이제는 마스크도 벗고 신나게
공기도 마음껏 마실 수 있게 두 손 모아 기도한단다

오 현 주
인천 출생 거주., 2009년 월간 ≪스토리문학≫ 시 등단.
한국스토리문인협회 회원. 문학공원 동인.
2011년 제1회 스토리문학상 수상.
시동인지 『마른 이파리 한 잎』 외 다수.
수필동인지 『아버지와 자작나무』 외 다수.
문인들의 별명 이야기 『이쁜이와 짜장면 오인분』

분수의 맛 외 2편

오 현 주

엄동에 터진 분수가 분수를 지키겠다고
슬그머니 입 꼬리를 내린다
정치판에 어정쩡 코가 빠졌다고
물의 근육으로 빚은 공약이 꽁꽁 얼까 봐
유권자로 끌려 나온 유세장의 가난한 물줄기는
돌기둥 속 한 길뿐인 어둠의 맛을 안다
분수에 갇혀 있던 압력의 숨결로
수만 갈래의 돌파구를 찾으려 했음을
서민의 눈과 귀가 되겠노라 잡은 손이
공약의 빙점을 후보 자신에게 꽂았음을
차릴 것 없는 민초들의 불안한 분수와
쇼맨십 중인 걸죽 한 목청엔 냉수가 딱 이라고
신기루인 듯 쏜 물줄기가 돈줄이라면
분수라도 폼 나게 마시겠다는 유권자들
그림자에 칼바람을 구겨 넣는 하루가 매섭다
재료가 그럴 듯한 분수와 양념 친 분수가
각을 세우면 뒷골목 유기견도 어슬렁거린다
밥그릇 싸움에 깔린 투명한 공약 먹으려

통의 감정

세상의 선반 꼭대기에는
근육통 주의가 진열되어 있다

입맛 잃은 먹통이 무시로 툴툴거리면
발등 때린 깡통이 고집불통에 기름통을 붇고
점 하나로 허방에 궁글 던 해와 달이
유통기한 없는 하늘만한 온통이 될 때도
통발에 걸린 내 분통은 불통을 부채질 한다

내겐 관리대상인 통이 한없이 많다
호통 쌤통 원통 심술 통은 된통 당하면 통이 되었고
몽니 떨다 깬 산통과 두통 열통은 얼음 통이 간절했고
고통 흉통 복통 진통 관절통 계절 통이 배수진을 치고 있다
몸통은 물통 소금 통 밥통 죽통 약통과 소통하면서

전유물이거나 아니거나 깨진 휴지통이라도
장난감 통처럼 내면의 가림 막 일 때 포근하다
낯가죽 두꺼운 말 통이 있다
그의 저울질에 탱크와 미사일이 떨어진다
전쟁 통에 죽어 간 이 들의 비극에 울화통이 터진다

통통 튀고 싶은 지구 안의 혈통 들은
욕심 통을 감춰둔 채 오늘도 밀당 중이다

오씨네 초보 농사꾼

남겨진 지문 위에 재개발 안내문이 꽂혔다

막걸리 한 사발에 시름을 털던 날
당신의 주름진 밀짚모자는
풀피리소리 멈춘 밀밭에서
해거름이 밀려올 때까지 술래만 거듭했다

거기, 밭이랑 흙 주워 먹던 아이
까무룩 졸다 드러눕는다
송곳처럼 뚫고 나온 잡풀 속에서 호박꽃이 피고
나를 업은 당신의 등 위로 검은 풀들이 자랐다

산그늘이 다리 펴던 반딧불이 세상을
만삭의 고욤나무 감나무에 어룽지던 달무리를
상수리나무에 세든 종달새 꾀꼬리 가족을
백야의 네온사인에 빼앗길까봐
지난 봄, 신나게 재개발을 했다

그린벨트에 걸려 몽땅 털어가지 못한
쥐똥만큼 남은 눈물의 자갈밭에
비닐하우스를 짓고 키다리 전봇대도 심었다

싱크대 하나 없던 오씨네 밭 지하수에서
별빛 낭창한 물이 콸콸 쏟아진다

물이 오른 보랏빛 감자꽃에 벌 나비 노닐고
매실 몇 알 포도송이 가족도 눈을 떴다
반가워라, 꽃향기 낭창한 저 천상의 밀짚모자

전 상 욱

아호는 德和, 고려대학교 평생교육원 시창작과정 수료
카카오 brunch 작가, 한국문인협회 도봉지부문인회 사무차장, 한국스토리문인협회 회원, 현대문학사조문인협회 회원, 초안산시발전소 문인협회 회원, BAND 전상욱 작가 펜클럽 운영(회원 370명)
이메일 : jeonswook@hanmail.net

울타리도 함께 짖었다 외 2편

전 상 욱

고즈넉한 아랫마을
탱자나무들이 어깨동무하며
집집마다 울타리치고 서 있다

경계(境界) 안에는
개 닭 소 돼지 흑염소…
각기 사는 모습 한가롭다

캄캄한 밤 인기척 들리니
개가 멍멍! 선창(先唱)을 하자
닭도 돼지도 울고
울타리도 소리 내어 짖는다

늦가을 무렵
노랗게 익어가는 탱자 향기에 취해
깊숙한 곳 손 들이밀어 따려 하자

뾰족한 가시가
선(線)을 넘지 마라며 바늘을 세우네

발바닥공원

이 공원에서는
발바닥이 주인공이다
제대로 효과를 보고 싶다면
신발을 벗고 어싱길 걸어보자
한 걸음 두 걸음
자갈이 발바닥의 통점 찌르면서
나의 인내를 시험하고
자세를 무너뜨리려 한다
세 걸음 네 걸음
이를 악물고 참아야지
용천혈을 중심으로
발바닥 지압점 자극을 몇 번 견디자
서서히 앞이 트이면서
나무가 보이고 숲이 보이고
방학천 물소리가 들린다
발바닥공원 사용설명서
읽어주는 사람 아무도 없지만
이고 지고 건너온 몸
내가 먼저 반응하는 거다

※ 어싱길(Earthing Path), 어싱(Earthing) 이라는 단어는 지구라는 단어로부터 파생되었으며 흙 또는 땅을 일컬으며 지구 표면에 존재하는 에너지에 우리 몸을 연결하는 것을 의미한다. 인간 본연의 상태로 돌아가 맨발로 땅을 걷고 자연을 느끼면 발바닥의 신경을 활성화하는 것뿐만 아니라 긴장을 완화시켜 주며 정서적인 안정감을 얻을 수 있다.

곰피를 마시다

오늘 점심 밥상에 울릉도 앞 바다 한 접시 올라왔다
울퉁불퉁 투박한 생김새
심해 바위에 부딪히며 생긴 숨구멍에서 갯바람이 나올 것 같다

곰피 꿩피 개피 닭피 말피 몸피 새피 소피 양피 쥐피 기린피 노루피 돼지피 사슴피 여우피 고양이피 원숭이피 코끼리피 호랑이피

동물 혈관에 흐르는 피
사람 겉모습 몸피
깊은 바다 밑 바위 위에 자라는 곰피
서로 닮지 않은 피

밀물과 썰물에 온몸으로 부대낀 해초
오돌오돌 쌉싸름한 쇠미역
몸속 피를 맑게 해 주는 곰피를 마시다

내 삶의 피로를 풀어주는 곰피에게
다시마가 마법의 주문을 외친다
다시마가 곰보되면 곰피 되랴!

김 남 식

필명 솔새(solsae) 아호 동곡(東谷), 충북 청주시 북이면 출생
월간 ≪스토리문학≫ 2008년 등단, 한국스토리문인협회 자문위원, 은평문인협회 회원, 시사랑, 모닥불, 문학공원 동인
시집 『달빛 틈새에 별 하나 얹히고』, 『내 곁에 서 있는 계절』, 수필집 『아름다운 날들』, 문학공원 시동인지 『제로의 두께』, 자작나무수필동인지 『아버지와 자작나무』, 스토리소동 소설동인지 『잔혹이 마블링 된』 外 다수

안부(安否) 외 2편

김 남 식

누군가 나를
기억해 주는 이가 있다는 건
참으로 고마운 일이다
누군가 나를
걱정해 주는 이가 있다는 건
참으로 행복한 일이다

괜찮은 거지
별일 없지
아프지 마라
맛있는 거 사줄게 나와라
얼마나 고마운 말인가

팍팍한 세상에서
얼마나 듣기 좋은 말들인가
이렇게 나도 누군가에게
고맙고 행복을 주는 사람이 되고 싶다

금수저 흙수저

대부분 사람은 보통 사람으로 태어나서
보통 사람으로 살다가
보통 사람으로 죽는 것이 평균적이다
문제는
이 잣대가 불균형을 이루어질 때
금수저 흙수저 하며
인간적 사회적 갈등이 되는 것이다

즉 시대를 잘 태어나야 하고
좋은 가정에서 그리고 어떤 사람으로
태어나느냐에 따라서 운명이 달라진다
그런데 이 조건들이 모두 인간의 영역이 아니다
바로 신이 주는 것이다
그래서 숙명 또는 운명이라는 단어가 따른다
즉 영적 불가항력이다

모두가 금수저로 태어나고 싶지만
내 뜻과는 다르게 자신의 운명은 이미
태어날 때부터 정해져 있다

그러나 노력하면 달라질 수도 있다
그래서 자학적으로만은 탓할 수 없는 것이다

밥숟가락

옛날 나 어릴 때 우리 집 밥상 위에는
아버지 숟가락은 은수저였다
어린 눈에는 너무 예뻤다
그 수저를 어쩌다 들면 무거워서
밥이 입에 잘 들어가지 못했다
그걸 엄마가 보면 야단이다
아버지 것이다

그런데 가족들 누군가 수저를 놓을 때면
십중팔구 엄마가 꾸중했다
밥숟가락은 바꿔 먹는 게 아니라고
무심결에 다른 숟가락을 집으면 펄펄 뛴다
아직도 제 밥숟가락 하나 못 챙기냐고
잔소릴 듣곤 하였다

그리고 오랜 세월이 지나
지금 와서 생각해보면 어머니 말씀에는
커다란 가르침에 의미가 담겨 있다
제 밥숟가락 하나 못 챙기냐는 것은
나중에 사회 나와서
제 할 일을 제대로 찾아서 하라는 뜻이었다

제 몫은 남한테 뺏기지 말고
스스로 챙겨서 밥 굶지 말라는 것이다
내 몫은 똑바로 챙기라는 것
그깟 밥숟가락 하나 못 챙기면
뭐 대수일까마는
그때 그 가르침을 나중에서야 알았다

김 재 수
한국스토리문인협회 회원,
문학공원 동인
시집 『멸치에게 길을 묻다』

한 줄의 문장 외 2편

김 재 수

한 줄의 문장을 찾기 위하여
나는 무척 고심에 빠져야 했습니다
한 줄의 문장을 꿈꾸기 위하여
나는 밤새 앓던 생이빨 하나를 뽑아야 했습니다
한 줄의 문장을 쓰기 위하여
나는 간도 쓸개도 버려야 했습니다

한 줄의 문장을 얻기 위하여
나는 공자의 말씀을 씹어야 했고
한 줄의 문장을 구현하기 위하여
나는 소크라테스의 변명보다 더 진한
역설을 베껴야 했고
한 줄의 문장을 남기기 위하여
나는 석가의 자비를 훔쳐야 했고
한 줄의 문장을 사랑하기 위하여
나는 예수의 피를 흘려야 했습니다

성숙해가는 한 줄의 문장을 위하여
이제 목마른 기도를 합니다
가을 자락 손짓하는 세월의 길목에서
시절 인연을 사랑한 죄 때문에
꽃 피고 새 우는 동산 자락에서
나는 더 당당해지면 안 되나요
한 줄의 글에서 익어가는
한 줄의 멋진 문장을 위하여

외손녀의 추상화

오늘은 종일 외갓집에서 외할머니와 놀기로 한 날

여섯 살 외손녀가 그림을 치는데
외할머니 화구와 패널을 풀어놓고 하는 말
할아버지는 무슨 색 좋아해?
음 할아버지는 울 손녀 씩씩하게 자라는 모습이
들풀 닮아서 파란색을 좋아하지
그럼 할머니는 무슨 색 좋아해요?
웅 할머니는 울 손녀
티 없이 아름다운 모습이 들꽃 닮아서
연홍색을 좋아하지
그랬더니 한참 후에
여백이 있는 미완성의 추상화 세 점
친절한 해설이 어찌나 총명한지
이건 할아버지 마음이고
이건 할머니 마음이란다
그럼 여기 노란색은 하고 물어보면
이건 도연이 마음이라 하네요
여기는 왜 남겨놓았을까 하고
화폭의 여백을 물어보니까
왜나하면요 우리 집에 가서

엄마 아빠가 좋아하는 색 물어봐야 한다네요

오늘은 즐거운 날 왜냐하면요 외손녀 수채화 감상하는 날

예술의 의미

- 이발을 하다가 문득

유전인양 낱낱이도 내려받는 오라기
가장 엄숙한 존엄을 보이기 위하여
체면처럼 지그시 눈을 감는다
가장 높은 곳에서 화음이 울릴 때마다
희끗희끗 바닥으로 곤두박질하는 미련들
아스라이 곡예 하듯 푸른 날이 스치면
안면을 탐하듯 밑그림을 치고
양 볼에 키스하듯 화장을 하고
거듭나는 산고의 품격을 맛보다니요
영원한 예술에 혼신을 걸었나 봅니다

비록 희끗한 머리칼 한 올 이거나
까칠하게 돋아난 수염 하나까지도
희생은 있을 지나 변절하지 않으며
짓이겨 잘릴지언정 꺾이지 않는 이여
고귀한 예술의 경지에 이르도록
꿈 향기 피어나는 손끝 장인정신
거울 속 작품의 내면을 들여다보고는
당신의 오묘한 진리를 음미해냅니다
결 좋은 터럭의 거듭남을 위하여
심오한 예술혼을 받아쓰기 하나 봅니다

박 성 환
시사만화가, 계간 《스토리문학》 시조부문 등단
한국스토리문인협회 회원, 문학공원 시동인, 독백 시조동인
2015년 서울지하철스크린도어 시게재

꼿꼿하다는 말[言]에게 외 2편

박 성 환

나비의 애벌레 걸음
얼마나 솔직한가,
그래서
징글징글한
이 세상을 내리깔고
춤출 수 있는 날개를
달 수 있었나 보다

수십 년을 단 한 번도
절룩거리지 않아
구물구물 걷는 애벌레가
눈에 거슬려 밟아 죽였다는
꼿꼿한 발바닥에
혹, 날개가 돋아난다면
내 혀로 어루만져 주겠소

섞인 소리

완도군 정도리 바닷가
갯돌밭을 쓰다듬는 파도소리엔
빤질 닳아가는
까만 자갈들의 간지럼이,

도봉산 포대 능선 바람소리엔
바위에 비비대는
산등성이 홀로 선
소나무의 외로움이,

솜털 보송송한 금수저, 손자가 모는
람보르기니 엔진소리엔
말라서 서걱거리는
비정규직 노동자의 땀냄새도
섞여 있으리라

서글픈 기상청

아가야, 빨래는 왜 걷니?
어머님은, 일기예보에
오후부터 비 온다잖아요,
바싹 마를 때까지
그냥 널어 두려무나
비 걱정하지 말고,
오십 년 동안 단 한 번도
내 어깨통증이
비에 빗나간 적 없으니,

4부

세월이 선생님이다

주 명 희

계간 ≪스토리문학≫ 등단

한국문인협회 회원, 한국스토리문인협회 회원, 강서문인협회 회원

문학공원 동인, 강서문학상 수상

시집 『까치산을 오르며』, 동시집 『꽃이 나를 보고 웃어요』

동인지 『상처 많은 풀이 향기롭다』 외 다수

〈동시〉

아기 외 2편

주 명 희

아기는 방실방실
언제나 웃어요

발그레한 두 뺨
반짝이는 눈망울
나만 보면 웃어요

발름거리는 코
오물거리는 입술
자면서도 웃어요

아기는 꿈속에서도
나를 보고 있나 봐요

빗방울

볼록한 배
가느다란 꼬리
빗방울은 올챙이에요

고물고물
꼬리를 흔들며
유리창을 기어 내려요

유리창은
네모난 연못
올챙이의 놀이터에요

은행잎

은행잎이 떨어져
땅에 수를 놓아요

“엄마, 꽃자리야.”
아기가 뛰어다니며
좋아서 깔깔거렸어요

"은행나무를
베어버렸으면 좋겠어."
엄마는 잎이 귀찮대요

바람은 몰려와서
은행나무를 흔들었어

은행나무는
아쉬워 눈물을 흘리듯
잎을 떨어뜨리고 있어요

강 위 덕

시인, 화가, 음악가, 조각가, 멀티아티스트, 미국 줄리어드음대 수학, 고려대 평생교육원 시창작과정 수료, 한국문인협회 회원, 정읍문인협회 회원, 한국스토리문인협회 자문위원, 시섬문인협회 회원, BMI세계작곡가협회 회원, 강위덕종합예술박물관 관장
세종문화회관 등 30여 회지 개인전, 서울 예술의전당, 미국카네기홀 등에서 작곡발표회 개최, 시집 『손톱이라는 창문』 외 저서 11권

물병에 담긴 바다 외 2편

강 위 덕

고장 난 가로등처럼 길 모서리에 사내가 서 있다
그 어깨엔 사막을 건너온 바람 냄새가 난다
잃은 개 찾는 광고처럼
그의 가슴엔 전단지가 붙어 있다
homeless hungry help
지나던 여인이 물 한 병을 건네자
그 사내는 마개를 따서 꿀꺽꿀꺽 두어 모금 마시더니
머리 꼭대기에 대고 물을 쏟는다
메말랐던 온몸의 지느러미에 물의 감촉이 흐른다
그는 지금 바닷속으로 다이빙하고 있다
꼬리지느러미를 활발히 흔들며
언어(言語) 이전으로 헤엄친다
흐늘거리는 랜덤함수가 궤도를 이탈한다
일으켜 세울 수 없는 뿌리 약한 숨소리가
수식이 필요 없는 '무(無)'의 소멸과 맞닿아 있다

손톱이라는 창문

우리 집에는 10개의 창문이 있어 이 창문들은 안에서 밖을 보는 창문이 아니라 밖에서 안을 보는 것이라 했어 망원경 같지 망원경은 성능이 좋을수록 밤하늘의 별들도 밝게 보이지 뭐 100년 전 사람에게는 유리가 많은 창문은 현대적이고 신비스러운 물체였지 골목에서 공놀이를 하다가 유리창을 깨트리면 혼쭐나는 세상이 100년이나 계속되었어 유리창은 있으나 없으나 똑 같지 똑 같다고 말하는 사람은 이 세상에서 가장 순진한 사람이야 이렇게 환한 유리창이 낮을 닫을 때 너는 밝음을 도둑맞는 거야

별이 자주 창문을 들여다볼수록 꿈은 자라지 참 신기해 하수구가 고장이 나면 항상 떠 있던 하얀 반달이 자취를 감추어 버려 창문은 매끈하고 둥근 천문대처럼 아름다워야 해 이 창문에는 365개[2]의 안테나가 있어 우주에 떠 있는 365개의 사이버와 교신하지 이쯤 되면 눈치를 챘을지 몰라 내 몸에도 열 개의 창문이 있어 손톱은 우리의 건강을 들여다보는 창문이야 눈은 마음의 창문이고 손톱은 건강의 창문이지 그런데 요즘 눈과 손톱마저 가짜인 사람이 많아 안경과 콘택트렌즈가 생겨나면서 마음의 창이 닫힌 사람이 많아졌어 골목마다 네일아트점이 생기고 인조손톱이 생겨난 이후부터의 건강은 모두 가짜야 할퀴고 싶은 것은 거짓과 불신이 아니라 가짜 얼굴이야 가면을 할퀴어 벗기고 싶어

---

2) 1년의 하루를 창문으로 봄

네일살롱을 해서 돈을 벌어 집 산 사람도 있어 핸디캡이 있는 여자가 화장을 두껍게 하듯 가짜 손톱이 있는 사람은 내장도 가짜야 아 그래서 고문 기술자들은 가짜 속, 가짜의 진실을 파내기 위해 손톱을 고문하지 손톱고문은 최악이야 천천히 천천히 송곳 끝을 손톱 속에 집어넣어 파헤치지 파르르 떨며 흘러나오는 파장, 고문 기술자는 판독기술자라야 해 댄스에 젖은 소녀가 슬픈 얼굴로 걸어가고 있어 곡선을 직선으로 이행하는 목은 고독한 내부의 응집을 감지하지 시인들은 파장 속에 흘러나오는 거짓들을 판독하지 시인들은 이 파장을 슬픔이라 부르지 슬픔은 죽은 자식 불알 만지듯 애절한 것이야 다섯 개의 가시가 달린 별에 게 찔려 슬퍼하는 보름달의 헛배 같지 시인은 고문기술자들처럼 손톱 속을 파헤치며 애절한 시를 쓰지 눈을 감으면 눈물이 주르르 흘러 가난한 자의 옆구리에 철썩 달라붙는 안개 속이라야 아름다운 시가 나오는 거야

표절의 온도

침묵으로 노래하는 너는 누구냐 돌빛 감아도는 투명, 차디찬 DNA가 나의 발목에 꼬리표를 붙였지 꽉 잡아도 잡히지 않는 너는 높음에서 낮음으로 애틋한 소리, 흙을 길들이며 창조가 정교하다

서로를 표절하며 가다듬는 매무새

명랑한 계시, 경건한 높이 고르기, 지고한 높이도 순간 따라 다시 낮아지는 너의 정점은 신들의 기척이지
어디까지 흘러갔을까
어느 강여울을 지나 서해 바다에 소금이 되었을까
시냇물에 얼음이 얼면 얼음 안의 시냇물은 성형외과 의사가 돼
못생긴 돌멩이를 다듬어 예쁘게 조탁하지 그래서 조약돌이 생겨났어
얼음이 되었다가, 풀렸다 다시 얼음이 되는 너는 나이테를 만드는 창조의 신이야
너의 속성은 참으로 이상해
이상하기 때문에 능력이 있어 보여
졸 졸 졸 소리의 꽁무니를 따라가 보니 시냇물의 소리는 사람의 소리야
자갈에 부딪치고, 바위에 부딪치고 들풀에 부딪칠 때 노래를 하지
시냇물에 노래가 없다면 인생의 삶에도 노래가 없지

빈껍데기의 목쉰 바람소리도 시냇물의 리듬 속으로 들어가 버리고, 혹한의 밤이야
생각할수록 깃털처럼 날아간 세월, 안쓰러운 가슴으로 지나간 삶이 흐르고 있지

나는 아버지를 표절해서 이만큼 살았고
은행나무는 모목(母木)을 표절해서 수백 년을 살아오지
표절은 따스한 피의 흐름이야

김 면 희
≪수필춘추≫ 수필 등단, ≪스토리문학≫ 시 부문 등단
고려대 평생교육원 시창작과정 수료, 한국문인협회, 한국스토리문인협회,
솔향수필문우회, 시예술아카데미 회원
수필춘추 문학상 수상
수필집 『길 찾는 여인』, 시집 『달력의 이면』
동인지 『여름의 반란』, 『틈새에 둥지 튼 새』 외 다수

세월이 선생님이다 외 2편

김 면 희

나는 하나도 소유할 것이 없다
어차피 빈손으로 왔으니 빈손으로 가는 것이 내 인생인 것을
욕심을 내고 다툰들 무슨 유익이있나
해와 달도 구경만 하고 가는 세상 세월이 선생이다

해와 달을 따라갈 때에
가진 것 다 주고 가는 것이 참된 인생이다
낙엽처럼 빼앗겨 버리는 것이 아니라
열매처럼 주고 가는 것이 참된 인생이다
자랑스러운 것도 부끄러운 것도 다 내주고 가야 한다

꽃이 만발하면 사랑을 받고
꽃이 지면 지저분하여 외면당한다
인생은 꽃아 아니라 꽃이 떨어져 나간 빈자리다
열매는 다시 시작한다
꽃필 때보다 더 긴 인내가 필요하니
책임져야 할 인내다

나는 어머니에게서 인내를 배웠다
어머니의 인생은 인내의 고리뿐이었다
인내로 시작하여 인내로 끝을 맺었다
어머니의 인내심은 깊은 바다와 같다
넓은 하늘 같다

어머니의 인내심은 큰 고목의 뿌리같이
세월의 풍파를 견디고 계셨다
소리 없이 울고 견디신 어머니
어머니의 고무신 창이 닳아 큰 구멍이 나 있다
신으나 마나 한 검은 고무신
그래도 신고 나가신다

어머니의 사랑에 뼈가 자란 내 인생
불효막심하다
어머니께 인색했던 구두쇠 마음속에
눈물만 고인다

보석 같은 청춘

인생이란 장벽 속에
밝혀주는 별빛처럼 살아왔다
어둡고 긴 밤 새벽을 기다린다

생명 같은 새벽길
내일을 꿈꾸는 대지의 씨앗처럼
사랑만이 한 가닥 희망 있다

언제 청춘이었던가
굽 높은 하이힐 아니면 상대도 안 했던 시절
훌쩍 넘어버린 아쉬운 시간

젊음을 뜯어먹은 세월에
땀방울 청춘의
전성기를 당겨보고 싶다

남모르게 흘린 눈물도
아프게 흘러간 세월도
돌려놓을 수 없는 청춘

저물어가는 세월
시냇물 같이 달려가는 세월
붉은 그리움 붙잡고 싶다

하루 남은 임인년

마지막 남은 하루를 매만지며
안타까운 기억 속에서 서성이고 있다
내일을 위해 모여든 어둠이 걷히고
아픔과 기쁨으로 수 놓인 창살에 햇빛이 들면
사람들은 덕담으로 전해서 또 한 해 문을 열다

바이러스가 기승을 부리고
답답한 한 해 일 년 중
가장 고통스럽고 힘든 세월
생각만 해도 끔찍하다
밝은 세상이 올 수 있기를 소망하고 있다
마르지 않은 샘 속에서
사랑으로 엮여가는 새해가 될 길 소망한다

세상 살면서 주고 받은 욕망이
아름다운 것을 시로 나타낼 때마다
저 높은 곳을 향하는 마음 즐거웠다

김 솜

본명은 김옥희
2022 ≪열린시학≫ 등단
한국방송통신대학교 영어영문학과 졸업.
2019 중랑신춘문예 시 최우수상

나는 매일 도서관에 간다 외 2편

김 솜

동식물 도감부터 펼친다
쓰리디 화질보다 입체감이 살아있다
속독인데도 마음에 번지는 그리움이 나뭇잎 마냥 흔들린다

신내동과 묵동의 독자들은 차림새까지 비슷하다
개미처럼 더디게 짚어가며
느린 독서를 하는 이를 조심스럽게 지나친다

흰머리 엄마 손을 잡고 날마다 도서관에 오는 딸도 있다
치매 할매는 오늘도 초록을 만지며
돌아가는 길에 웃음 책 한 권을 빌려가기도 한다

사람들은 누구나 어딘가에 조금씩 아픈 마음을 담고 산다
나는 매일 도서관에 와서 혼자서는 살아갈 수 없는
세월의 의미들을 배우곤 하였다

매일 일간지가 들어오고 신간이 끊임없이 입고된다
비가 오거나 눈 오는 날엔 그림동화를 상영한다

나는 매일 봉화산 숲길에 다녀온다

수감되다

이사 온 지 이틀
베란다에 나섰다가 문이 잠겼다
새집은 아직 새 주인을 기억하지 못하고
나를 베란다에 가두었다
1초 만에 덜컥

유리창 너머 렌지 위에는 곰솥이 끓는데
식탁 위 휴대폰이 내게로 손을 내미는데
얇은 유리문 한 장이 성벽이다

노란 별을 자책으로 읽는 밤
어둠이 전신주 아래 고양이를 덥석 물고

정숙자의 시 1초 모으기를 읽다가
층층이 쌓인 어둠 속 1초는 어떤 모습인가

으스스 한기가 밀려오고
나는 줄곧 1초씩 밀어냈다

곰솥이 졸고

맞은편 건물에서 잠을 깬 비둘기들
각자 1초씩 물고 푸드득 날아간다

스카이댄서

전진도 후진도 없어요
어떤 바람이 나를 이렇게 키운 걸까요

나는 솟구칠 수 있지만
발에 묶인 족쇄를 풀 수 없어요

식당 안에도 바람이 불어요
적자 적자 적자의 소용돌이에 휘말려
주인은 접지를 선언하고 무릎까지 접네요

입맛의 변덕은 언덕을 오를 때처럼 숨차고
별점테러와 악성 리뷰가 주문을 막아요
불안한 먹구름이 목구멍을 메워 종일 쿨럭거리네요

언제쯤 막다른 바람 자고
내 바람이 기를 펼까 궁리 중이죠

바람이 바람을 불어넣고 바람을 속이는 세계,
그래도 난 신나게 춤을 춰야 해요
언제나 맛있는 표정을 지어야 해요

나처럼 바람을 포기하고 바람을 조율하면
슬픔도 춤이 될 수 있는데
난데없는 비바람이 닥쳐도
강약에 몸을 내맡길 수 있는데
보이지 않는 바람은 지칠 줄 모르나 봐요
바람 빠진 말들이 바닥에 끝 없이 추락을 해요

하 은

본명은 양근희, 시인, 수필가, 월간 ≪문학세계≫ 시 등단, 월간 ≪스토리문학≫ 수필 등단, 한국문인협회 회원, 우리詩진흥회 회원, 한국스토리문인협회 이사, 시섬문인협회 회원, 광화문사랑방시낭송회 상임시인, 문학공원 동인, ≪스토리문학≫ 편집위원
시집 『달맞이꽃』, 『다시 꽃이다』
이메일: haeun5709@hanmail.net

폐업 신고를 하다 외 2편

하 은

'올해 단풍은 틀렸어'
날아온 한마디 말에
물들지 못한 잎을 딱하게 훑어본다
마른미역처럼 거뭇하고
삶아 말려놓은 취나물처럼 바삭
부서질까 조심스러운 손
벼랑 끝 쇠락한 바람을 붙잡고 있다

'생의 애착이 추해 보여'
선부름에 쇳물 같은 말을 부어놓고는
단풍 대신 얼굴을 붉혔다
땟물 벗은 제철 단풍 만나기와
하늘 별 따기는 때에 따라 동급이다
난감한 시절을 진작 헤아릴 수 있었다면
말을 가려서 냈을 것이다

'낡삭은 단풍과 아버지'
절정에 이르지 못한 단풍잎은
막판 된서리에 사업 접었던 아버지와
똑같이 닮았다
가을을 놓친 굽은 손가락
자랑 한 번을 못 해보고
어깨를 터는 단풍나무라니

어머니의 꽃밭

아이 세수시키듯
찬 이슬 부비는 순간에도
꽃밭은 고요하다
천 마디 말보다 그녀의 웃음 한 번
들숨으로 초록을 깨우는 이곳은
여린 싹의 흙을 맨손으로 털어가며
한 뼘씩 넓혀 온 어머니 꽃밭이다
넘어지면 일으켜 지지대를 세워주시던
어머니 아침마다 살아 오신다
계절 없는 꽃밭에는
용기 돋우는 기운이 흐드러진다
바람 말랑해질 때마다
봄을 살던 어머니 마음은 분주했다
시간 귀퉁이를 접으며
오만 가지 꽃을 애써 키우신 어머니
줄 선 틈에서 나도 피었다
채송화 씨앗 여물 무렵
하늘은 어머니를 땅에 심고 도닥이셨다
파종 이후
그리움으로 충만해진 세상
어머니를 시작으로

꽃 피우며 살아가게 마련하신
그분의 은혜에 감사한다
꽃밭에는 오늘도 재고가 없다

멸치 똥 바르기

병동 침상 위
가여운 멸치가 누워있다
세상 잃은 퀭한 얼굴
초점 잃은 눈이 나를 바라본다
제가림 못하는 몸 뒤집어
개운하게 똥을 발라 주었다
한 생 다 살지도 못하고
붙잡혀 온 허망함에
힘껏 벽을 밀어보다 열없어
그예 웅크리던 멸치는
꽃 흐드러진 봄날
천상의 바다로 건너갔다
눈물 젖은 노을 보고도
눅눅해지지 않던 멸치는 기실
유유히 헤엄치는 그 저녁
붉은 바다를 꿈꾸었던 것이리라
햇살 바른 곳 아버지 생각에
멸치를 쏟아 다듬는다
가없는 은혜에 대한 보답
부서질 듯 마른 몸에서
똥 발라내기

신 동 문
한국방송통신대학교 국어국문학과 졸업
2022년 ≪스토리문학≫ 시 부문 등단
한국스토리문인협회 회원
자작나무수필 동인, 문학공원 시동인

범꼬리 외 2편

신 동 문

이른 새벽
노고단에 올라 세상을 둘러보니
반야봉 위로 검붉은 구름이 천상에 흐르며
샛노란 햇살을 넓은 초원에 뿌려주네
고즈넉한 풀잎 사이에 숨죽여 있던
범꼬리가 불쑥 얼굴을 내밀 때
섬진강에서 올라온 강바람이
살짝 너울대며 스치면
범꼬리는 순간 첫눈에 혹하여
얼굴을 붉히며 어쩔 줄 몰라
산들거리네

선자령 가면서

한겨울 선자령 가는 길목
담장 너머 양떼목장의 하얀 능선은
멀리 이어지고
벌판 사이사이 설치한 펜스는
내린 눈이 계속 쌓이고 쌓여
윗부분만 보이네

사람들은 멀리 보이고
가녀린 나무만 홀로 서 있어
은근슬쩍 펜스를 넘으며
눈 위에 발자국을 남기네
나뭇가지에 걸터앉은 까마귀가
까아악 소리 내며 날아오를 때
가슴은 불현듯 뛰고
마음은 뒷걸음질치네

호랑나비

익모초가
1층에는 거실
2층에는 애들 방
3층에는 놀이방을 만들어
층층별로 자줏빛 꽃을 활짝 피우며
꽃동산을 만들 때
지나가던 호랑나비
희미한 향기가 아른거려
겹겹이 모인 눈으로
유심히 꽃밭을 응시하며
예전에 꽃꿀을 즐겨 먹던
기억이 살아나면
날갯짓으로 허공에 정지하여
주둥이를 길게 펼쳐
각층마다 새해 안부를 전하네

김 백 란
2012년 ≪한국문인≫ 등단
2017년 한국방송대학 국어국문학과 졸업
문학공원 동인
시집 『스물일곱 배미의 사랑』, 『할 말 있어요』

봄이 오는 소리 외 2편

김 백 란

귀에 들리는가 하면
멀어져 가고
손에 잡히는가 하면
싸한 숨결
옷자락을 여미게 하네

앞개울에서 뒤란에서
걸어오는 소리 들리는데
사방을 두리번거려도
꼬리를 감추고 멀어져 가네

졸졸거리다가
달그락거리다가
바람 타고 굴러오는 소리
마른 잎 타고 통통거리며
뛰어오는 소리

봄아 내 손을 잡고
내 머릿결을 잡아
고개 하나만 넘으면 돼
그리고
자박자박 걸어오면 돼

가을 들판

비가 소리 없이
온 세상을 적신다
아무 저항도 하지 않고
다소곳이 비를 맞고 서 있는 나무들
이제는 목마름의 저 안쪽에서
생명의 줄기가 문 닫을 준비를 하고 있다

모두가 숙연해지는 시간이다
고개 숙였던 벼 이삭도
어느 곳간으로 다 쌓여가고
마지막 남은 햇살들이
안간힘을 쓴다

붉어야 할 고추와
익어야 할 대추알 때문에라도
방황하는 바람과는 만나야 하고
뜨겁게 뜨겁게 손잡아야 한다

만남과 헤어짐의 엇갈림 속에
따뜻하게 보듬어 줄 수 있다면
하늘은 더욱 푸르게 높아갈 수도 있으련만

기러기 떼가 하늘을 수 놓으며
저수지 둑을 향하고
벼 그루터기 흩어진 낱알들
비를 맞으며 손님을 기다린다

요즈음

우리 집 아저씨는요
초등학교 시절
내가 만들었던 판화를 닮았어요
이마에 골이 대여섯 개는 되나 봐요
그 패인 골마다 니코틴이 들어가
잠을 자고 있나 봐요
담뱃값을 올린다고 떠들어도
절대 끄떡 안 해요
성인병 어쩌고 해도
흥흥! 콧방귀만 뀌지요
식구들이 담배 좀 어쩌고 하면
눈을 부릅뜨고 달려들 것 같아요

우리 집 아저씨는요
조상들이 만들었던 하회탈을 닮았어요
웃음과 해학이 담긴 그런 얼굴이냐구요
아니, 아니요
그런데 남들은 그러기도 하데요
굵은 주름과 커다란 눈이
선뜻 다가서기가 좀 그렇다나요
그래도 내가 하는 말을 처음에는 우기다가

나중에는 다 들어주는 하회탈이지요

요즘은
강변 따라 걷기 운동을 열심히 하고 있어요
개운한 눈빛을 하고는
나를 바라보는 것이
예사롭지 않아요
아마도
이마에서 잠자고 있던 담뱃진들이
맑은 이슬로 털고
도망가게 될지도 모르지요

권 진 숙
아호는 정운(精雲), 간호학 박사, 간호학과 교수
계간 ≪스토토리문학≫ 등단
한국스토리문인협회 회원, 문학공원 동인
이메일 : sta59@naver.com

주먹밥 외 2편

권 진 숙

중복 날 에어컨 틀고 TV를 켜니
약초꾼들이 주먹밥을 먹는다

똥구멍 찢어지게 가난했던 시절
공부가 머리에 들어오지 않던 오빠는
책보 툇마루에 후딱 내팽개친 채 잠바 훌러덩 뒤집어 입고
뒷산으로 지게 둘러메고 달음박질했다
그곳은 공부 좀 해라 잔소리하는 아버지도
저놈이 머 될려고 그런다냐
비난하는 할아버지도 없는 곳
께 벗고 목간을 해도 그윽한 눈짓으로 눈감아주는 곳
나뭇잎이 말없이 넉넉한 그늘을 내어주는 곳
그곳은 속상한 맘 말하지 않아도 귀신처럼 내 마음 알아채어
섣불리 조언하지 않고 보듬어주는 곳이었다
못난 마음 채워보려 갈쿠리로 솔잎 싹싹 긁어
키보다 훌쩍 크게 올린 나뭇짐을 해놓고

어머니표 소금 간 주먹밥을 먹었다

나도 닭백숙 다리 하나 덥석 들고 뜯자니
요양원에 계신 구순 노모 생각에 목이 메인다

숲의 이색시장

초록이 춤을 추는 오월
햇살은 반가운 얼굴로 맞는다
지나칠 수 없어 이말산에 올랐다
아직 덜 여문 작은 고사리손 잎들이
나를 반기며 반짝인다
햇살은 산책길에 레이스 포목을 깐다
아름다운 천을 보니 정신이 나가
다리품을 팔아가며 지팡이초크로 재단을 한다
성큼성큼 발걸음 가위로 옷감을 싹둑싹둑 자르니
뒤이어 햇살 재봉사는 바지 앞쪽을 레이스천으로
덧대주어 요즘 유행하는 언발란스 패션이 된다
오르막길 중턱에는 모자 파는 집이다
멋진 모자가 한가득이다
곧 여름이 오니 바람 잘 통하게
모자 윗부분 구멍이 숭숭 뚫린 거 하나 골랐다
귀퉁이 돌아 바람길 가게에는 레이스 원피스가 춤을 춘다
어릴 적 입고 싶었던 레이스 장식 옷
내 마음을 알아채고 편하게 입어 보세요, 한다
걸음을 옮기기만 해도 다양한 레이스 무늬는
블라우스가 되고 샤랄라 치마가 된다
요 근래 살이 갑자기 쪄서 맞는 옷이 없어

이 옷 저 옷 고르느라 시장을 헤집고 다녔다
하루 종일 여기저기 싸돌아다녔더니
다리도 너무 아프고 갈증도 심하다
오월의 숲은 내 혼을 쏙 빼는 재주가 있다

집에 와서 아이들한테 자랑했더니
요즘 누가 시장 가서 옷을 사 온라인으로 사지, 한다
그래도 입어 보고 사는 게 좋지
계절이 바뀌면 또 사러 가야겠다

틈새

하늘은 요술쟁이다
한줄기 소나기 후 쾌청해지는 틈새에 옥양목 여름호청을 널었다
빨래는 바람의 틈새를 타고 흰 파도가 너울거린다
나는 흰 이불호청 속 틈새에 숨는다
어른과 어린 시절 틈새에 고향집 앞마당이 성큼 다가선다

거실 뒤 신갈나무 틈새에서 여름내 노래 부르던 매미도
마지막 장에선 그레센도*와 데크레센도*의 틈새 모드다
여름이 지나가는 틈새에 하늘 한 번 쳐다보고 산책길에 나섰다
후끈한 열기의 틈새를 뚫고 한줄기 여우비가 훑고 지나간다
엄마의 빨래 걷는 소리 틈새에 놀란 매미도 숨을 죽인다
잠시 여유는 시간의 틈새를 벌린다

집으로 향하는 발걸음의 틈새가 점점 좁아진다
현관 앞 마지막 돌계단 틈새 시선이 꽂힌다
여름 한철 태운 새까만 팔다리 틈새에 노란 고들빼기꽃은
미간의 틈새에 빗방울을 묻히고 방실거린다
나는 지나치지 못하고 잠시 휴식의 틈새에 끼인다

찰라의 틈새를 뚫고 반가운 소식이 말을 건다
언제 시간 되니 나 서울 왔어, 라고 한다

나는 다음 주 오후 무렵 틈새를 잘라 냉장고에 넣었다
하루에도 몇 번 문 열고 닫을 때마다
몰래 감추어 둔 시간의 틈새가 반짝인다
기다림으로 각성된 삶의 틈새에 생기가 돈다
나는 틈새의 시간을 열고 친구를 만나러 길을 나선다

* 음악용어로 '점점 세게'와 '점점 여리게'라는 뜻

남 희 철
한국방송대 국문과 시창작반 수학
한국스토리문인협회 회원, 문학공원 동인
동대문문화원백일장 장원

수용소 군도를 지나며 외 2편

남 희 철

봄비가 내리면 사월이 가고 청량리 로타리엔 꽃이 진다
꽃잎이 떨어진 가지엔 빗물이 눈물방울처럼 매달려 있다

청량리역에서 정동진 가는 기차표를 산다
남은 시간을 기다려 백화점 건너편
옛길을 기웃거려 본다
내 어릴 적 그토록 화려했던 588의 꽃들이
내리는 봄비에 소리 없이 지고 있다

컴컴한 굴다리를 지나 지름길인 꽃길을 따라
대왕코너 앞에서 학교 가는 버스를 타곤 했다
거기엔 생활고에 떠밀려온 어린 꽃들이
짙은 화장으로 얼굴을 가린채 도발적으로 피어 있었다
다닥다닥 붙어 있는 벌집 같은 하꼬방 유리벽 속에
가냘픈 꽃잎들이 경쟁하듯 악다구니를 쓰며 붙어있었다

우리네 설익은 청춘들은 꽃들의 향기를 견디기 어려웠지만
사실 주머니엔 꽃값도 없었다
알고 보면 거기 588은 허가 없는 공장이었다
시골에서 온 누이들이 고향집에 월급 같은 꽃값을 보냈다
어느 날 집이 그리웠던 병든 꽃이 밤에 몰래 도망을 갔다가
아침에 꽃잎이 다 떨어진 채로 쓰레기장에서 발견되었다
그리곤 꽃상여를 타고 서둘러 하늘나라로 올라갔다
시골서 올라온 한 아비가 공장 다니는 딸을 찾으러 왔다가
폭력배들에게 봉변을 당하고 길바닥 구경거리가 되었다
개기름이 번들거리는 살찐 포주의 얼굴에서
꽃들의 절망을 보았다
그곳은 정말 수 많은 꽃들의 수용소였다
도심에 떠 있는 거대한 꽃들의 섬

시골 가는 막차는 이미 끊어진 지 오래고
일상인 양 어둠은 천박하게 찾아온다
진열장 속 음탕한 붉은색 조명 아래
한껏 치장한 꽃들이 허연 속살을 내보이며
비틀린 세상을 유혹한다
휴가 나온 군인이, 하루에 지친 막노동꾼이,
상사에게 걸어 채인 넥타이가

거기에 가서 가끔씩 위로를 받곤 한다
어느새 마치 그곳이 없으면
온 나라의 정조를 지킬 수가 없는 것처럼
어처구니없는 당위성까지 갖추게 되었다
시골에서 전학을 온 내 친구 누나도
철옹성 같은 그 섬에서 몰래 꽃을 팔고 있었다

푸르디푸른 우리네 청춘들은
군대 가기 전에 딱지를 떼야 한다고 해서
술 마시고 우루루 수용소엘 몰려갔다
그렇게 소위 하룻밤 인생의 딱지를 떼고
다음 날 아침 입영열차를 타고 논산으로 갔다
하루에도 몇 번씩 한강에 철교를 놓았고
수없이 원산을 폭격하고 나서야
이등병 계급장을 달았다
그때는 다들 그렇게 했다

도심재개발로 이젠 꽃길을 철거하고
초고층 주상복합건물이 들어선단다
허망한 존재의 당위성을 부수고
새로운 섬이 들어서는 것이다

청량리에 꽃이 진다
봄이 가고
내 사월이 간다

2020 봄, 코로나에 갇히다

겨울이 허물어진 자리에
여백에 선을 긋듯 봄을 건넌다

잎이 떨어진 가지에 꽃잎은 새로운데
강 건너 여의도엔 낯익은 봄이 홀로 서럽다
오가는 사람도 없는 윤중로에
어느새 꽃잎은 떨어지고
다시 만날 기약도 없는데 천지간엔
낯선 불청객이 입을 닫으라 헤살짓을 한다
입 가리고 길을 막는다 한들
봄이 아니더냐

기다림은 또 다른 일상이 되고
고통은 집요하게 배반을 요구한다
아직은 비가 오지도 않는데
저만치 봄은 가고 있구나
전쟁 같은 하루가 지나면
행복한 이별이 다가올까
못 가게 잡아둘 수 없는 시간이기에
갇힌 듯 갇힌 것만은 아닐 게다

계절은 점점 지쳐가고
불청객은 갈퀴눈으로 감시를 한다

그래도 잎은 떨어지고
새벽엔 신문이 온다

추락하는 날개

도도한 세상의 빗장을 풀고 영원한 탈출을 꿈꾸던 너는 눈감은 진실의 호주머니를 뒤져 네 삶의 모퉁이에 남겨진 마지막 사자밥을 먹고 그 먼 하늘을 날아가는구나 나는 내 아버지의 장례식 날에도 너의 울음소리를 보았다 만장을 앞세워 길을 떠나는 발걸음이 아쉬어 쳐다본 하늘에 긴 꼬리를 흔들고 우레소리로 날아가는 너의 흔적이 있었다

가슴속 작은 불씨 하나가 살아나 불덩어리로 커져 제 한 몸조차 태워버려 마지막 남은 깃털로라도 가고자 하는 욕망이 있구나 날아간다는 것은 살아 있다는 것 알 수 없는 울음소리로 길을 잡아 윤회의 강을 건너면 백번을 다시 태어나도 지금은 어제인 걸 너의 부리로 너의 깃털을 뜯어 황금빛 수의를 지어 입었구나 해질녘 서둘러 둥지를 찾는 너는 너의 그 단단한 부리로 세상을 붙들고 안전한 착륙을 꿈꾸는가

흐느적거리는 날개를 접고 비겁한 대지에 발을 내디딘 너는 세상과 가위바위보를 하는 야바위꾼 모양 신림동 고시촌 한 귀퉁이에서 비상을 꿈꾸는 청춘들을 끌어모으려 하는구나 칠흑 같은 어둠을 날고 있는 너는 시퍼렇게 날이선 새벽이 올 때까지 너의 날개를 쉬지 마라 날카로운 기류에 퇴화된 시력으로 세상을 보려 하지 마라 본능적으로 착륙점을 찾고 있는 너의 노련하고 억센 발톱의

감각을 믿어라

그러면 끝없는 비행의 종착점에 산산이 부서져 세상에 흩뿌려질 너의 잔해 속에서 폐허가 된 시인의 심장을 건져 올리리라 아이가 세상을 잉태하고 이제 막 태어난 가지에 첫 번째 열매가 열리면 축제의 너른 마당에 커다란 가마솥을 내다 걸고 사방에 뿌려진 너의 깃털을 모아 꺼지지 않는 불꽃을 지피리라

몇겹의 세월이 흘러 너의 겨드랑이에 새로운 생명이 돋아난다 하더라도
다시는 추락을 꿈꾸지 마라

이 순 옥

아호는 월영(月影), 2004년 월간 ≪모던포엠≫ 시부문 등단, 한국문인협회 회원, 월간모던포엠 경기지회장, 한국문학예술인협회 부회장, 경기광주문인협회 · 착각의시학 · 시와늪 · 신문예 · 현대문학사조 회원, 문학공원 동인 매헌문학상 본상, 모던포엠 문학상 본상, 좋은문학 창작예술인협회 본상, 착각의시학 한국창작문학상 대상 등 다수 수상

저서 『월영가』, 『하월가』, 『상월가』

개기 일식 외 2편

이 순 옥

우리에게 허락된 시간은 짧기만 하네
죽음의 그림자는 짙기만 하여
나 그대에게 나를 주려 하네
나 그대를 가지려 하네

서로의 몸에 서로를 각인하는 그
시간은 고작
반 각의 짧은 시간이지만
생의 전부를 담고 있는 절절한 열정.

한사코 운명을 피하려 하나
그 모든 몸짓이 다 정해진바
숙명으로 한 걸음 한 걸음
걸어 들어가는 것이었음을

손끝에도 음률이 흐르는
생의 끝자락

끝내 지울 수 없는 서운함
많은 날의 기다림을 문신처럼 새겨넣네

* 일각은 15분으로 개기 일식 지속시간 최대 8분이고 실제 관측 시간은 2~3분이다.

심연에 색이 있다면

마음의 숲에 별똥별이 쿵 떨어졌다 생각의 물결에 실려 아주 멀리 떠내려갔다

네모이면서 세모의 도형은 없지만, 세월이 아무리 흘러도 없어지지 않을 몽글몽글 피어오르다 맺힌 감정
속절없이 흘러내린다

누군가 시간을 잘게 쪼개어 놓은 듯 느리게 흘러갔다
말과 글의 간극은 감정으로 채워졌다
내딛는 걸음마다 격렬한 감정이 밟혔다

쌓아놓은 감정의 씨앗들을
훌훌 바람에 날려 버렸어야 했는데 쓸쓸한 기분이 찰랑찰랑 차오르던 즈음 애절함이 묻어나는 가슴 안의 심장을 건드리는 유혹

그 미소가 뭐라고,
그 끄덕임이 뭐라고
그 순간,
강렬한 빛으로 하나의 질문이 완성된다

떠밀다, 떠밀리다

달이 잠겨 든 식은 찻물은 몹시도 비렸다
두고 온 것들을 그리워하게 하는
가난한 희망이 좀 더 뚜렷해지고
복숭아 속살 같은 진심
말갛게 드러나
너무 길어서 끝은 있을까 하는 날에도
어김없이 날은 밝아왔다
잊고자 하는 고통스러운 기억조차
그리움으로 다가오게 하는 마법을 부르는
그냥 그 시시하고 두루뭉술한 단어와
어울리는 날
희망이 밀려오는데
밟고 싶지 않은 절망 함께 떠밀려왔다
발이 닿지 않은 두려움
헤엄쳐 벗어나기엔
끝이 보이지 않는 저 반대편에 서서
순수하게 물었고 악의 없이 권하며
진심으로 청했다
책임을 져야 하는 하루가 지나고 있다

최 홍 종
월간 ≪문예사조≫ 시 등단, 월간 ≪스토리문학≫ 수필 등단
중등교원 정년 퇴직
한국스토리문인협회 회원
스토리문학관 동인, 문학공원 동인

상여(喪輿)집의 공포 외 2편

최 홍 종

생각만 해도 느낌이 아직도 선명하고 하얗다
마치 뒤에서 누군가
가녀린 목덜미를 순식간에 낚아채는 것 같이
무서움의 손아귀가 옴짝도 못하게 움켜잡는다
마을에 들어서자 다리는 녹 쓴 서까래처럼
사마귀 긴 다리 되어 엉금엉금 기는데
동구 밖에 다 쓰러져가는 지붕만 앙상한
이 초라한 토굴 같은 몰골이 검은 달이 되어
휘감고 몰아쳐 으스스하게 몰고 간다
여남은 상여꾼이 슬픈 가락을 메고 저승길로 갈 때는
그 속에 망자의 영혼이 누워 구천을 맴돌고
크고 풍성한 원색의 꽃들이 외로움을 달래며
마지막 가는 길을 눈물겹게 따라주었는데
행상(行喪) 상여가 나갈 때 그 행렬 모습이 그래도 좋았는데
다 쓰고 난 후에 모셔둔 이곳이
왜 그렇게 지나갈 때마다 어린 소년의 애간장을 태웠는지

붙들고 가는 손이
땀이 흠뻑 흥건히 고이곤 했다

전국노래자랑

- 송해 선생을 추모하며

멋지고 재미난 연세도 엄청 많은
그분을 기념하여
전국 노래자랑 대회가 생겼대요.
각 지역에서 올라온 특산품 제품이 무대에서
춤과 노래를 하니 흥미는 더욱 가중되고
진행은 유명 영화배우, 이젠 나이 먹어 한 물 간 건 사실이지만
그분이 사명의식을 가지고 수고하시고
방송국에서도 여러 사회자를 섭외했지만 적임자를 못 찾고
결국 공개 모집해서 실제로 운영 솜씨를 보고
이분으로 낙착된 모양입니다
이 콩클 대회에 출연한 출연진들을
어디 한 번 볼 것 같으면
전남 영광군에선 전복을 가지고 나왔고
전라북도 신안군에선 강원도 명태를 가지고 나왔고
제주도 제주시에선 밀양 한천과 청송 꿀사과를 극구 자랑하고
굳세어라 금순아를 부른 가수는 태진태와 남인순 씨였고
신라의 달밤을 부른 가수는 너훈아 씨와 현인자 씨도 불렀고
한 분이 더 이 곡을 가지고 출연했는데 최남진 씨도 나왔어요
통영시에서 영광굴비가 남해 시금치를 금초라고 하며 출연했습니다
인기상을 노린 팀이 몇 팀 보였는데
품바 복장을 하고 현대무용을 차차차 리듬으로 했고

엿장수 아저씨는 드럼을 엿가락 반주로 장구를 쳤고
현란하게 여성 엉덩이를 흔드는 탱고 춤은 살사댄스로
그러나 리드미컬하게도 출연 금지를 당했다고 합니다
이유는 당국에 수소문하여 조사해보았는데
전통 우리 민족 고유의 민속 문화에 도움이 되지 않는다고
풍기문란하다는 것입니다
마음 아프고 애석하기 그지없고 앞으로는 절대 방생(傍生)하지
못한다고 여론이 대단합니다.
주최 측에서 해명하기를 날씨가 너무 더워서 비가 많이 오지 않고
눈이 적설량이 대단하여 대회를 취소한다고 속죄하고 있다네요

짜장면에 놀란 소년

읍내 중학교는 승승하고 시시하여 깔보고
유학이랍시고 도회지 중학교 시험에
엄한 무거운 아버지와 시퍼런 처음 외출길이다
늘 상 입던 검정색 두루마기는 켜켜이 모셔두고
서양 양복 긴 코트 천의 옷깃을 휘휘 날리며
혹시나 새끼 놓칠까 걱정이라
처음으로 나의 손을 붉은 벽돌이 꼭 쥐었다
어마어마한 위엄의 체온이 찌르르 뜨거웠다

짱꼴라 집의, 개밥 같은 이상한 쫀득거리는 맛
청요리 국수 짜장면은 아랫배를 홀랑 뒤집어
촌놈을 놀렸고 오후 고사(考査)를 어떻게 치렀는지
연신 꾸르륵거려 하늘도 놀라 기진맥진하여 노랗다

눈에 들어오는 도심의 서양식 이층집들은
초가 기와집에 익숙한 눈은 보이는 곳마다
낯선 세상이고 호기심의 연속인데
온통 생각이 배에 가서 혼줄은 이미 났건만
난데없는 겨울비에 슬프게 추적추적 빗속에서
훤칠하게 뚜벅뚜벅 걸어가시던 뒷모습이
나의 아픈 매운 죄를 일깨워준다

5부

아름다운 흔적

서종주
울산광역시 출생, 1997년 ≪문예사조≫ 등단, 울산문인협회, 울산시인협회, 울산남구문인협회 회원, 문학공원 동인
제30회 울산예술제 울산광역시장상, 울산詩文學賞 본상 수상
시집 『달같이 살고 싶어라』(1999년), 『계절이 지나고 있을 때』(2005년), 『전하지 못한 고백』(2015년), 『새벽달』(2022년)
E-mail: whdwn84@hanmail.net

빈 강 외 2편

서 중 주

강은 항상 배를 불룩이 하여
이웃하는 대숲도 품고
고층 빌딩의 거꾸로 자세를 숨겨준다

바람의 괴롭힘에 비늘을
돋우며 지내다가는
하루에 두 번
정해둔 설사를 하며
속을 비우는 일이 쉽지 않다고
중얼거리기도 했다
빈속을 감싸고 있는
강둑의 증언에 의하면

속 빈 강에는
갈매기 물까치 청둥오리

온갖 물새들이 뛰어들어
속을 뒤집어 놓으며
자기들 맘대로 놀아나고는 한다

그래도 속 빈 강은
너그러이 찾아오는 그들을
싫어하는 기색 없이
다독여 품는다.

국수를 먹다

국수를 먹는다

네가 오기를 기다리다가
일찍 나온 국수를
앞에 한 너를 끌어당기듯
힘껏 빨아들여 본다, 국수를
왔다가 떨어지는 꼴이
우리의 정 같아
국수를 먹는 일이
나만이 아는 너 만나는 일이라고
생각해본다

따라오지 않다가
따라오는 국수를
나는 질근질근 씹는다

빨아들이는데
후려치다가
다음 순간 길게
입맞춤한다

딸려왔던 어제
돌같이 씹히고 있다

오죽(烏竹)

오죽하면
이름이 오죽(烏竹)이 되었을라고
생각해본다

소슬바람에도 몸 다 내어주고
남만큼 굵고
큰 키 가짐도 못하고
공원 옆 모퉁이에서
서로들 의지하며
커다란 고통의 표현도 없이
싸르락싸르락 울고들 있다

짓궂은 눈(雪)이
한꺼번에 부대끼면
가는 허리는 땅 가까이로 하고
뭐
보드라운 눈(雪)의 사랑도 느끼지 못한다

태어날 때는
하얀 죽순으로 자라
이제는 오죽(烏竹)이 되었다

온몸이 반질거리는
새까만 색으로!

김 종 식
계간 ≪스토리문학≫ 시부문 등단
한국스토리문인협회 회원, 문학공원 동인
한국방송통신대학교 국어국문학과 재학 중

전철을 기다리며 외 2편

김 종 식

어느 겨울의 전철역
어디론가 떠나가고 찾아오는 사람들
모두가 기다림을 안고 살아가는가 보다
찬 바람이 불어오는 전철의 플랫폼에서
오지 않는 전철을 기다리는 순간에도…

떠남과 도착은 쉼 없이 반복되고
어디로 가야 할지 모르는 선택의 망설임 속에서도
나는 언젠가 떠나야 한다는 것을 알고 있다
너와 내가 헤어지던 그날처럼,

낡은 추억 속에, 세월 속에
보도 위에 나뒹구는 깨어진 얼음 조각들
내 가슴에 딱지처럼 엉겨 붙어 떨어지지 않는
그 기억들 아픔들 회한들…

잊히지 않는 어느 뒷모습을 바라보며,
쓴 커피처럼, 마음이 싸늘해지는 순간에도
누구나 조금씩은 그리운 마음 안고 사는가 보다
눈가에 맺히는 한 방울의 이슬처럼…

블로그 사랑

하루에도 몇 번씩이나
너를 찾아가는 길은 설레는 기쁨
오래도록 꿈을 꾸는 또 다른 세상이다
너는 나를 알아보지만
나는 너에게 있으나 마나 한 사람
어쩌다가 그 안에서 우연히 마주칠 때면
그저 무의미한 의미로 인사를 나눌 뿐,
나는 너에게 이방인과 같은 존재
서로 살아가는 세상이 다르고
모습 또한 너무도 달라서
함께 할 수 없는, 아니 어쩌면
서로 아는 사이라고 말하는 것조차
세상 사람들의 비웃음거리가 되고
조롱거리가 될 것이 분명하다
그러나 언제부터인가
내 마음속 파고들어 뿌리 내린 고목처럼
떨쳐버릴 수 없는 너의 환영
하루라도 안 보면 불안하다
눈을 뜨는 순간에나
하루하루를 살아가는 순간마다

떠오르는 너의 생각
잠 못 드는 깊은 밤중에는
술에 중독된 사람처럼 너를 찾는다.
너의 이름은 닉네임
남들은 너를 정말 알지 못해
많은 사람들의 이름 속에 묻어두지만
난 너를 생각할 때마다 한숨이 난다
어제는 너의 생기 없는 모습에
내 마음도 덩달아 울적하였고
늘 환한 네 모습을 바라볼 때면 마치
나 때문인 듯 기뻐했던 것을 너는 모른다.
오늘도 행여나 설레는 기다림으로
너를 찾아가는 나의 마음을 너는
전혀 알 수 없고 느낄 수도 없어
네가 보고 싶어 찾아가고,
기다리는 나의 사랑은
끝없이 허무한 사랑!
블로그 사랑!

개망초 · 1

가을이 오면
어느새 내 곁에 찾아와 환한 미소 짓는
개망초꽃을 나는 참 좋아합니다

어디서나 잘 자라고
아무도 알아주는 사람 없어도
이른 여름부터 늦은 가을까지

비 오는 날이나 바람 부는 날에도
그 가냘픈 몸, 외로움을 감춘 채
송이송이 별같이 예쁜 꽃망울 틔워서

호젓한 산길을 나 홀로 걸을 때
내 어릴 적 옆집 순이를,
일찍 돌아가신 울 엄마 생각나게 하고
보고 싶은 사람, 그리움처럼
푸른 산을 온통 하얗게 물들여주는
개망초꽃을 나는 사랑합니다

김 매 절
아호는 명서, 고려대 평생교육원 시창작과정 수료
계간 《스토리문학》 등단
가곡 〈월영교의 옛길〉, 동인지 『달리는 미술관』 外 다수
전국풀잎백일장 시부분 수상
E-mail : ometo100456@daum.net

상사화 외 2편

김 매 절

가녀린 몸매 탐낼 만하구나
마음을 홀린다고 꾸짖지는 마라
인연으로 왔지만 사모하는 마음뿐
꽃과 잎이 정인을 삼고도
비켜 가는 연모의 정
작별을 배운 후에야 눈꺼풀이 시려오지

타는 일몰에 길어진 마스카라
사무침에 한 올 한 올 다림질 하누나

강

한 치 두 치 누치들의 은빛 살갗
오랜 기억들을 낚아올린다
천렵의 유년은 모래알로 뒹굴고
오라비의 훌치기는 물빛 따라 유유하다
누구나 사는 동안 꽃을 심고 살지

월영교 난간 위로 꽃물이 피어나고
아버지의 온화함과 엄니의 정갈함이
한 올 두 올 모시 적삼 부모님의 향낼 심고
빛바랜 사진첩에 사철 너를 입는다
바람 예서 불어오니 그곳인가 하고
내 고향 물그림자 가을이 익누나

아 이토록 사무침이 내게 오기까지 반백이 걸렸구나
그리움을 보탠다
지천명의 시어들을 지천에서 낚았으니
돛대도 잠이 들어 만선을 꿈꾼다

소금꽃 피다

솔섬 증도 아래 수차가 돈다
석양의 낙조로 서그락서그락 목울음을 울었다
사람들의 환호와 해송의 바람으로 소금꽃이 핀다
몸을 가누지 못한 파도는 천년의 빛이 되어 오른다
그 자리에 태고의 신비처럼 상고대가 솟았다
철부선 위를 날며 울어대는 한 마리의
휘파람새 해녀의 노래를 날마다 들려주었다
죽어야 살아난다는 수만 번의 삽질로
돌기마다 흰 분칠 포대 속 안식을 얻어냈구나
흰 포말의 곡선 30만 가마 상거래 꽃피어 올랐다

지반 위로 석출한 천일염 신안의 명물
너는 흐드러진 눈물꽃
곰국속 에 융화로 뒤틀린 심사에 쓴소리로
흠모하는 이의 달콤함으로 짜디짠 속내
비워내고 게랑드*가 되어
그 이름을 피워냈다
격자무늬 고딕의 결정체 유일신의 선물
세상에 빛과 소금이 되었다

* 프랑스 명품 소금

김 우 성
경기도 포천 출생, 한국스토리문인협회 회원
문학공원 동인
동인지 『서랍 속의 바다』, 『뉘앙스』 외 다수

미꾸라지의 꿈 외 2편

김 우 성

겨울에는 이렁이렁 수염이나 다듬고 문밖 출입을 삼간다
들어앉아 있어도 되는데 편치 않기는 하다
웅벙에 나가면 버들치가 저분대서 영 성가시다
지난주에 몇 번 나갔다 자리다툼만 하고 들어왔다
농수로에 나서면 개운하니 운동은 되는데 그것도 힘이 부치다
좀쌀눈만 때룩때룩 밖을 내다보지만
어리친 동자개 한 마리 안 보인다
어디서 떠내려왔는지 모다 타승이고
일가 미꾸라지는 도무지 없다
옆집 모래무지가 호시탐탐 마사언덕을 허물어
제집 앞을 돋우는 통에 눈만 마주치면 싸워야 한다
산란터는 지난여름 장마 끝에 일감으로 닦아놨다.
해가 잘 들어 봄에 새끼를 쓸면
치어들 놀이터로 근사하다
하기 싫은 것도 참고 쌓아가다 보면 치적이 된다
자리다툼을 하고 모래를 날라다 높이다 보면

지난 여름처럼 새끼들을 떠내려 보내지 않아도 될 것이다
움벙 물이 마를거라는 물소식이 이따금 들려오지만
이 모래터를 떠나지 않을 것이다
물길 어딜 가든 내가 만든 것이 아니면 누군가의 것이다
탐하다 외려 나를 옭을 것이다
한낮에 부유물 사이로 빛이 내려온다
정수리부터 지느러미마다 따듯한 온기를 실으면
하늘로 올라가는 영혼을 느낀다
겨울에 얼음 졸보기로 승천했다는
전설을 떠올리며 물새김 횟수를 줄여본다
나른하게 감아오는 느낌이
몇일은 물벼룩을 걸러도 견딜 수 있을 것 같다
더러는 퇴적 흙에 머리를 처박고 때를 채워 몸집을 키우지만
추운 계절 모진 칼날에 맞서는 강단이 없으면
빛으로 깨어나지 못하는 법
잠들지 않는 물을 따라 무한히 빛으로 흐르는 꿈을 꾸며
눈과 지느러미가 하얗게 퇴화되어 빛으로 부서지는 꿈을 꾼다
작아져야 쉽게 버릴 수 있다
장구벌레들이 빛오름 사이로 춤을 춘다

참 다행이다

하루하루 날마다
아무 일이 없어야 한다
어제처럼 오늘도
하루를 살아내는 일은
아무 일도 아니다
눈 한번 감으면
달라지지 않은 세상은 늘 곁에 있고 아무 일도 아니다
애면글면 살아도
어제 가던 길을
다시 가는 폼새 없는 날이라도
아무 일도 아니다
봄 갈 여름 하루같이
아무 일도 아니다
동이 트고 또 어둠은 별을 그리고
아이들이 자라고
아내가 늙어가는 것도
아무 일도 없어서이다
마른 눈물 같은 날도
바람이 등을 밀어주는 날도
오늘도 아무 일 없이
아무 한 날을 살아서
참 다행이다

위로

밥을 못 먹었다는 말에
바이올린 소리를 얹었어
한결 슬펐어
이제야 울먹임을 돌려보냈어
사람이 늘 다니는 통증 즈음에
자국이 선명히 나 있어
다시 가 보기로 했어
한 줄 실오라기에 걸려든
당신은 비올라 같은 소녀여서
차마 미안하다고 말하지 못했어
진실은 애초에 간단한 거야
듣고 싶은 말이 진실인 거야
네가 설명하려는 노력은
이제껏 마신 커피의
토핑으로 얹은 거품이야
그렇지만 조금만 기다려
울음이 그칠 때 흘린
마지막 눈물이 빛나는 걸 볼 거야
모두가 떠나간 암담한 그곳이
그들이 갈망하는 출발점이라는 것을

임 준 섭
한국스토리문인협회 회원, 문학공원 동인
시집 : 『도시의 섬』
이메일: limjspro@daum.net

어떤 인생 외 2편

임 준 섭

인생은 짧고
땅과 하늘은 영원하다는데

어떤 이는 허물어진 후에야
장막의 중요성을 알았고
두 다리가 부러진 후에야
바로 설 수가 있었으며
아프고 나서야 제대로
쉬어가는 법을 깨달았다

돌아본 인생의 뒤안길에서 깨달음은
세월 추억 발자취 황혼만 남기고
쉼과 회상을 하며
서러울 것 아쉬울 것 없이
빈손 인생을 경주하며
생활 속에서 찾아오는
또 다른 만족감, 행복을 만들어간다

더 살맛 나는 오늘도 웃음꽃
의미 있는 일을 할 수가 있기에
즐거운 인생의 연속에 감사드린다

저 오르골 인형처럼

익숙한 듯 설레이는 선물
귀중한 희생을, 미래를 일구어
혼자서 채워간다

오늘보다 내일로
더 조바심 말며 나아가리
꿈꾸는 사람은 더 젊게
금빛 날개를 펴 눈부신 발걸음으로
자신에게 대답해간다

인형의 맵시는 보는 이의 마음을 녹일 듯
멋들어지게 돌아가며 웃고 있어
신기한 듯 비친 아이의 얼굴에
자동악기 오르골의
청명한 노랫소리를 따라
행복한 인형이 되어
꽃송이 꿈춤을 춘다

가슴에는 기쁨으로 가득
사랑도 사람도
마음속에 심어

가만가만 점점 화(和)하여
진정 알아간다
주변을 위한 귀한 존재로.

연장전의 변곡점

남자와 여자, 늙은이와 젊은이를 막론하고
지운다고 지워지지 않는 것들
끊는다고 끊어지지 않는 일들
이해하기 어렵고 얽히고설킨
생활의 변곡점들이 앞을 막아서
피로하고 긴장되다가 기대감의
연속을 맛본다

어디에서도 볼 수 없는
더 영화 같은 현실
인생 중에서 겪기 싫은 숱한 고난들이
눈 앞에 펼쳐진 광경들
눈을 뜨지, 귀를 의심하지 못할 정도로
온몸에 와 닿는다

지금의 인정하고 싶지 않은
괴롭고 복잡한 시대적 아픔의
알갱이들이 새로운 일상으로 자리 잡는다

인생은 연장전이 없기에
후반전이 길어지고

경기가 지루하기도 하다
그냥 땅만 보고 뛰어야 하는가
문제는 쉬는 시간이 없어
더욱 치밀한 작전전략이 없다
졌지만 패배하지는 않고
또 다른 시련도 눕혀줄 수 있어
좋은 일로 맺음을 짓는다

어둠이 짙으나 새날이 다가옴을 알기에
사랑은 끊임없는 움직임…

정 소 진
경북 영천 출생
2002년 ≪한맥문학≫ 신인상으로 등단
제4회 글벗문학상 수상
한국스토리문인협회 자문위원, 문학공원 동인
시집 『달관한 시지프스』

양산 외 2편

정 소 진

현진건 선생의 빈처를 처음 만난 것은 1976년,
여름 내내 날 괴롭히던 장티푸스가 숙지고 있었지
성질 급한 잎들이 푸른 낙엽이 되어
흙마당으로 내려앉는 초가을 무렵
열과 통증에서 해방되자
살 것 같아서, 심심해서
책장의 소설들을 시식하기 시작한 거였는데
미국 단편소설 전집 16권을 맛있게 비우고
한국 단편소설 전집 20권에 입을 대었다
장티푸스 후 관리는 산후조리만큼 중요하니
시신경 절대로 무리하지 말라는 의사의 만류에도
빠져나올 수 없었던 소설의 세계

40년이 훨씬 넘은 오늘
다시 현진건 선생의 「빈처」가 생각났다
양산을 부의 상징으로

그것을 사다 준 남편을 능력의 신으로 만든 양산
친절한 인터넷은 전문을 읽기 쉽게 대령했다

지독히도 더웠던 지난여름
그늘 하나씩 들고 다니는 여인들을 새로운 눈으로 보았지
그건 양산이 아니라 남편의 사랑과 능력의 그늘이라
그 시대의 마음으로 보니
양산 주인의 미소는 더 당당해보였다

가을 저녁답

바람은 갑작스레 서늘하고
쓸쓸하게 깔리는 부고 같은 그늘
한껏 길어졌다가 사라지는 산 그림자
뒷산도 마을에 내려왔다 돌아가는 시간
갈잎이 흐느끼고 억새도 울고
초승달이 굽어보는 골목 어귀엔
먼 세상의 초대장 같은 기운이 서렸다
휘이휘이
휘파람 요란한 전깃줄의 바람 노래

쓸쓸해 말자 허무해 말자
아쉬워도 말자
정해진 길이라면 그 길로 가야 하리
바람 들어 푸석해진 뼈들 사이로
차단된 세월이 발을 뻗어도
행복의 노래 흥얼거리자
마지막 내 인생의 출구 같은 계절

* 故 이상진 님의 부고를 받고 씀

나의 월식

근심과 고난의 그림자가 내 삶을 송두리째 가려
한 걸음도 나아가지 못할 어둠 앞에 서면
오히려 침착함이 생겨나는 신비한 현상
내 잠재 안의 초인적 힘은 인내와 노력을 키워
조금씩 조금씩 빛을 모두어
어둡고 견고한 그림자를 걷어낸다
차츰 사그라드는 내 삶의 그늘들
마침내 환한 가운데 서게 되는 희열
그것이 살아가는 모양이며 극복의 과정이다
나의 생이 여태 그러했다
다만
내 월식 주기가 참 잦은 것에 유감이 들지만

권 영 춘
≪현대시조≫ 시조 등단, ≪스토리문학≫ 시 · 수필 등단
현재 한국문인협회 회원, 가톨릭문인협회 회원, 한국스토리문인협회 자문위원, 관악문인협회 이사, 문학공원 동인, 한국시조시인협회 이사 역임, 문교부장관상 등 수상, 황조근정훈장 수훈
시집『흐르는 세월, 그 속에서』,『달빛이 만든 길을 걸으며』,『커피를 마시며』, 시조집『세상 사는 이야기』

오리, 전철 안을 날다 외 2편

권 영 춘

승객과 함께
날아 들어온 오리 몇 마리
죽은 영혼은
아직도 허공을 건너는 연습을 하며
달리는 전철 안에서 가볍게 날고 있다

아빠의 가슴에 안긴
한 어린아이
오리들을 잡으려 공중을 향하여
닿을 듯 말 듯 헛손질을 한다
흩어진
혼으로 날고 있는 가벼운 깃털들은
꼬리를 흔들며 잘도 피한다

생명을 다 하고도
가벼운 분신(分身)으로

이승에서 다시 태어나
우리들 따뜻이 감싸주는 청둥오리들
제 모가지의 책을 닮은 비취색
겨울 강변을 끝없이 그리워하며
미끄러지는 전철과 함께 쉴 새 없이 퍼덕인다
문이 열리자
몇 마리의
오리가 또 날아 들어오고
다른 몇 마리의 오리들은
생(生)의 강물로 나가며 쉼 없이 자맥질을 한다

눈 덮인 백두(白頭)를 넘어
시비리아 고원 위를 날던
그날들을 생각한다
이제는 한 마리의 미운 오리새끼가 아니다
알바트로스의 비상(飛上)으로
백조의 긴긴 날갯짓을 흉내 내며
가슴을 펴고 유유히 날고 있다

차창 밖의
얼어붙은 한가로이 스산한 겨울 풍경들이
오리 깃털 강은 흰 눈을 뒤집어쓰고
가까이
왔다 점점 멀어진다

안부(安否)

빼꾸기는 네 번에 걸쳐
그의 목소리로 미명(未明)을 열고 있다
신문이
새벽별을 몰고 떨어지는 소리
하루가 또 눈을 뜨나 보다
이승에서의 마지막 밤은 누구나
칠성판(七星板)에 누워 하늘을 바라보는 것으로
세상을 이별한다

자미원(紫微垣)*에 입궁한 지 어언 스물두 해
태고의 고요가 흐르는 궁궐 밖 주막에서
왕대포집 막걸리는 별사탕을 안주 삼아 드셨겠지요
담배 한 갑을 챙기고 '소풍'으로 이어지는 미리내 길에서는
뒤따라간 임들도 함께 하겠지요

울혈(鬱血)이 순환으로 가슴을 연 이제
나비처럼 가벼운 몸으로
새처럼 천상을 비상하는 자유로움이 보입니다
가난을 숙명으로 여기고
예금통장마저 순수를 더럽히는 속물로 여긴 당신

가끔은 이승의 터전
수락산 근처에 들러
순수와 소박(素朴)만으로 수놓는
당신이 만든 숲속의 시림(詩林)도 둘러보고
열다섯 좌석 '귀천(歸天)' 앞 골목의
'별다방 미스리'의 미소를 안주 삼아
마음껏 취해도 보시고요

* 2015년은 천상병 시인 사거(사거) 22주년이 되는 해이다.
* 자미원(紫微垣) : ㅈ미궁이라고도 하며 천재(천재: 하느님)이 거처하는 곳으로 알려진 하늘의 성좌(성좌) 주변에는 약 170여 개의 별들로 이루어져 있다고 본다. 명리학에서는 선하게 살다 간 이들이 죽은 이후에 영혼이 자미원으로 가서 영생하는 것으로 여기고 있음.

칼에 대한 소고

칼과 방패로 도시 국가를 이루었다가
방패와 칼로 망한 서부 유럽 몇 나라
기사도의
나라들을 돌아보았다

여행 마지막 날
주방기구백화점에 들러
섬광이 번쩍이는
쌍둥이 표*
칼 한 세트를 챙겼다

칼은 언제나 양면의 속성을 지니고 있다
선지자(先知者)의 뜻을 품고 침묵하지만
생사의 길을 구분하지 못할 때도 있다

마음속의 날을 세워 허공에서 헛손질을 하기도 하고
약속의 끈을 싹둑 잘라버리기도 한다

세치밖에 안 되는
날카로운 언어의 칼날과 그의
몸에서 나오는 번득거림은

모두 칼집에 넣어 두고 볼 일이다

아침 주방
조리사의 칼날 소리가
스타카토의 경쾌한 리듬으로
집안에 퍼진다

* 독일의 주방백화점에서 팔리고 있는 엔젤스의 세계적인 칼의 상표

전하라
계간 ≪스토리문학≫ 시 등단, 계간 ≪수필춘추≫ 수필 등단
한국문인협회 · 국제pen한국본부 · 한국현대시인협회 · 안산문인협회 회원
은평문인협회 이사, 한국스토리문인협회 사무국장
도서출판 문학공원 · 스토리문학 편집장
문학공원 시동인, 자작나무수필 동인
시집 『발가락 옹이』, 『구름모자 가게』

짬뽕주의, 국수주의 외 2편

전 하 라

불광동 사거리에서
녹번동 방향으로 조금 내려가면
복숭아나무 없는 도원*을 만난다

저는 짬뽕이오, 사철 내내 짬뽕을 시키면
짬뽕이 빨갛게 얼굴을 내민다

그동안 국수주의에 빠진다는 말은 가끔 들었다
그러나 짬뽕국물이 튀는 것을 주의하다가
짬뽕의 맛에 빠진다는 것은 짬뽕스런 딜레마다
짬뽕을 획일한 맛으로 평가한다는 것은
국수주의자로 평가받는다

겨울 제철 맛을 듬뿍 담은 굴 서너 개 오징어
적당한 칼집의 양파와 배추가 만면의 신선도를 첨가한다
면발 한 젓가락 콧등치기에

다른 중국집을 가지 못하는 국수주의자가 된다

뭐니 뭐니 해도 국물 맛이 끝내줘요, 란 말은
고객을 최고의 사로잡는 비결

오늘도 맛의 무릉도원에서
도끼자루를 몇 개 썩히고 나온다

* 도원 : 중국집 이름

재산 명시

햇볕 징하게 뜨거운 날
대문을 두드리는 우체부 임 머시기!
법원이라는 문구에 주춤거리는 몸짓이 허수아비 같다
어른들이 하는 말씀이 고스란히 귓전에서 스멀거린다

살면서 말여…
죄는 짓지 말아야지
감옥에 가면 쓰간
쯔쯧, 그랴 거시기 내 집 하나는 꼭 있어야 허지 않겄어

맞는 말에 말씀 언(言) 자 하나가
고스란히 고개를 쳐들지만
사람인(人) 자 하나가 어쩔 줄 몰라 수그리고 있다

헛헛한 가슴에 빌공(供) 자
너구리처럼 손바닥을 비비며 빌지만

남겨진 것은
 법에 법(法)자도 모르는
무식한 여편네의 지랄 맞은 인생이렸다

이를 어쩌랴 그러나 저러나
법원에 출두하여
갑과 을도 아닌
을의 패소 앞엔
그 어떤 말도 다 씨부렁이라는 것

– 선서
양심에 따라 사실대로
재산목록을 작성하여 제출하였으며
만일 숨긴 것이나 거짓 작성한 것이 있으면
처벌을 받기로 맹세합니다

현금은 딱지치기 해부렀고
티브이는 관짝으로나 써야 허나

에어컨 바람에 뼈가 시리다네 그려
냉장고는 절대 포기 못하
고거 없으면 살 수 없당께
김치냉장고는 뭐 헐라꼬
물방울 세탁기에 돌고 도는 인생
땅 1평도 부족한 인생이지 뭐야
– 채무자 공수거 인

한날 미개인 인간이 되어버린
어리석은 인간의 발버둥 아래
돌(石) 자 하나
덩그라니 남아있네 그려

그랴 그만 허자고
지랄이고 염병이고 이제 그만 끝내잔께

고무밴드별

딸이 고무밴드로 별을 만들어 보인다

나는 아들 많은 집에서 별처럼 태어났다
하지만 언제나 딸을 보살피는 것은
엄마의 손길이 아닌 아버지의 몫이었다
논밭에서 일하시는 엄마를 대신해서
아버지 손에 들려진 것은 참빗과 고무밴드다
하얀 서캐를 잡고 토독거리는 이를 잡아주는 것도 아버지였다

그런 나는 하원산을 누비는 흑진주 별꽃이었다
들로 산으로 냇가로 뛰어다니다 지치면 아버지에게 달려와 머리를 내민다
귀찮기도 할 텐데 아버지는 머리를 곱게 빗어 고무밴드로 묶어준다
까맣게 그을린 얼굴에 태양빛이 난다

대지의 딸로 태어난 나,
얻어다 입힌 치마는 오뉴월 해처럼 길었다

김 순 진

도서출판 문학공원 · ≪스토리문학≫ 발행인, 한국스토리문인협회 회장,고려대 평생교육원 시창작과정 강사, 한국문인협회 · 국제pen한국본부 · 한국현대시인협회 이사, 한국교수작가회 회원, 중앙대문인회 수석부회장. 은평예총 회장, 문학공원 시동인, 자작나무수필 동인, 스토리소동 소설동인, 수필춘추문학대상 수상 / 시집 『광대이야기』, 『복어화석』, 『박살이나도 좋을 청춘이여』, 『더듬이주식회사』 외 저서 16권

금강초롱 어머니 외 2편

김 순 진

1.

아이를 잃어버렸다
온동네 사람들 모두 나서
초롱불을 들고 소리치고 있다

순진아순진아순진아순진아순진아
순진아순진아순진아순진아순진아

순진이는 숨바꼭질 놀이하다 그만
벽장에 감춰둔 과줄을 먹고
어머니가 밥 짓는 저녁 훈기에 늘어지게 잠이 든 게다
슬그머니 벽장에서 내려와
저 여기 있어유 엄니

순간 엄마의 가슴에
안도의 초롱꽃 환하다

2.
이번에 우리가 퇴비생산은
전국에서 1위를 달성합시다

국회의원 오치성이가
새벽같이 나와 독려했다

암 해야지요 해야 하고 말고요
현재 충청도에서 우리랑 비슷한 곳이 있다지요
느려 터진 충청도 하나 못이기겄시유

마을 주민들 머리에 새벽별이 쏟아졌고
잘 살아보자는 욕망이 금강초롱처럼 피어났다

그해 여름 우리 마을은 두 부부가 매일 도시락을 싸가지고 나와
100일 동안 퇴비를 깎았다
그러나 정작 충청도가 1등, 우리 마을이 2등을 했다
퇴비 많이 해서 잘 살 수 있는 길은 없었다
허약한 어머니는 그해 퇴비독려가 힘에 부쳤는지 3년만에 돌아가셨다

3.
내가 널 못 가르치고 죽는구나
너는 글을 잘 쓰니 작가가 되려무나

엄마는 그 말씀을 남기고 사흘 밤낮을 울다 운명했다
엄마가 죽자 살 길이 막막했다
나는 중학교만 나온 채
대장간으로 공장으로 보내졌다
맛있는 음식도 예쁜 옷도 소용없었고
엄마가 가꾸던 채마밭은 개망초로 가득했다

대장간과 공장에 보내졌던 나는
앞으로 지나다니는 교복 입은 학생들이 부러워 살 수가 없었다
몰래 빈 기계실에 들어가
밤새 마음에 초롱불을 켜고 주경야독해 고등학교에 진학했다

엄마의 고마움을 갚는 길이란
시인이 되는 것뿐이라 생각했다

나는 이제 시인들 사이에서
이름 꽤나 알린 시인이 되었다

4.
1981년 3월 16일 새벽
이동면 연곡4리 버스정류장

잘 갔다 와라
몸 성히 잘 갔다 와라
스무 명쯤 되는 아낙들이
한 번씩 청년을 안으며
속고쟁이에서 꼬깃한 지전을 꺼내 쥐어주었다

일찍 엄마를 잃고 아버지 모시면서
동생들과 살아온 청년의 입대날이었다

그날 새벽 나는 어머니들에게서
금강초롱 군락을 보았다
지금껏 본 꽃 중 최고의 장관이었다

구파발

나는 고양시 동산동에서 단칸 사글셋방을 얻어 신혼살림을 시작했다
겨울이나 비 오는 날 공동화장실을 다니려면 고욕이었다
빚 얻어 장가든 게 무슨 벼슬이라고 부끄러운 줄도
집들이를 여나문 번이나 치렀다
일가친척들 불러 첫 집들이 하는 날 시골에서 새어머니가 오셨다
시골집에서 일동으로 일동에서 의정부로 의정부에서 구파발로 구파발에서 동산리로
네 번이나 버스를 갈아타고 오시는데도
떡 하고 참기름 짜고 피마자잎 말린 거며 무말랭이 말린 거며
보따리 보따리 쟁여 들고
버스 손님들에게 올려 달라 내려 달라 굽신거리며
보따리 십여 개를 모두 들고 오셨다

구파발 내려서 공중전화박스에서 꼭 전화하세요 어무니
내 당부에 전화를 하시는데
야 오는데 엄청나게 큰 파밭이 나오더라
그 파밭 근처가 니네 집이냐

아니에요 어무니
그 파밭이 아니고 구파발에서 내리시라고요

남의 새끼를 내 새끼처럼 돌봐주신 새어머니
우리는 파밭에 몰려와 꿀만 따가는 꿀벌이었다

공중전화기 너머 새어머니 목소리가 아직도 쩌렁쩌렁하다

취소되었습니다

담석을 깬다며 레이저시술을 받던 날
병원 내 환자 이송 담당 직원의 착오로
7층 병실에 있던 나를 2층 복도에 데려다 놓았다
한동안 아무도 나를 부르지 않고
1층 수술실에서는 시간이 되어도 오지 않는 환자를 수소문했다
2층 외과외래 직원이 나의 환자이송 담당을 재요청한 사이
젊은 직원이 내가 모셔다드리겠다며
내 침대를 밀어 이송하기 시작했다
그때 어떤 여직원의 말
김순진 님 취소되었습니다
나는 이제 취소될 수 있는 사람이라는 걸 그때야 깨달았다
남성로서는 이미 용도폐기 수순에 들었고
언제든 생명이 취소될 수 있으며
사회구성원으로서의 취소가 멀지 않음을 느낀다
1층 수술실에서는 내게 몸부림칠 수 있다며
두 팔과 다리 어깨까지도 완전히 포박하여 내 근육을 강제로 취소시켰다
목구멍 마취약을 삼키자 고통이 취소되기 시작했다
자 이제 수면제 들어갑니다
의사의 말이 끝나기 무섭게 나는 한 시간 동안
취소됐다가 재부팅됐다

김 금 연
경북 봉화군 춘양면 출생, 김포시 대곶면 대능리 거주
춘양 초등학교 3년 제적
청각 현 중증장애(구 청각장애 2급)
(주)신한벽지 재직 중
문학공원 동인

아름다운 흔적 외 2편

김 금 연

단비로 살포시 내려앉은 그대 음성인가
물방울 떨어지는 소리에 움트는 생명의 울림
뉘엔가 애틋할지 모르나 밤새 심장 흔들어
아름다운 빛을 향해 날갯짓하는 것이리라

소리 없이 가슴에 스며드는 그대 음성인가
잠든 영혼 흔들어 깨우는 한 줄기 생명의 울림
뉘엔가 애처로울지 모르나 고개 떨군 심장은
지워지지 않는 숭고함으로 일어서는 것이리라

오욕으로 가득 채운 아름다운 시간들
그냥 지나치기엔 소멸되어 흔적도 없이 사라지려나…

봄비

그대여, 어느 세월에
수많은 시간 뱉어냈던
그리움의 메아리가 되어 오는가
오래 참았던 울음은
길고도 깊어서 숨을 참지 못할 때
사랑의 묘약이라는 것
참 이상하기도 하여서
간절히 바라는 마음에
옆자리에 두면
느끼지 못한 변명이라도
아쉬움이 절절하다
또 어느 시절에
밤새 깨우는 요동함이 넘치고 나면
아른거리며 가슴 적시는 그리움의 메아리인가

존재의 이유

나는 오늘도 그대의 향내를 맡으리니
설령 비바람 불고 폭풍이 몰아친다 해도
표현할 수 없는 그리움으로 당신께 나아갑니다
나는 오늘도 그대의 희망을 바라보나니
저 하늘 반짝이는 별들과 빛나는 하늘에
보이지 않은 그리움으로 당신께 나아갑니다
나는 오늘도 그대의 행복을 향해 가리니
설령 아무도 모르게 한숨 던지며
끊이지 않는 그리움으로 당신께 나아갑니다
그대는 내 안에 가득한
그대의 엄숙한 존재를 알기 때문입니다

박 시 랑
아호는 미람(美嵐),경남 통영 출생, 동아대학교 졸업, 월간 ≪문학바탕≫ 신인상으로 등단,
중앙시조백일장, 광명신인문학상, 시흥문학상, 혼불문학상 등 다수 입상
시집 『한 마리 새가 하늘을 지고 와서』, 『떠돌이 별 마음 닿는 자리마다』, 『만화경 살짝』, 『즐거운 장례식』 등
향토동인집 『파도소리로 굽이쳐 봐도 느낌표에 남는 사랑아 첫사랑아』

부침개를 부치는 외 2편

박 시 랑

프라이팬에 저항하듯
운동장에서 노는 듯
일하며 살아가는 것도 같은 부침개를 부친다

바닥에 붙은 듯
아주 착 달라붙지는 않아
마음 따갑고 열불 나는 길목마다
얼마나 자주 나는 나를 뒤집었나?

스스로를 팽개치듯
똑 같은 방법으로 몸과 마음 뒤집을 때마다
시원 섭섭 쓸쓸 염려로웠고
뛰어보지만 아니 멀리 주변이었다

겉과 속 골고루 알맞게는 익었나?
살아가며 죽어가는 동안 성질은 변했나?

잘 못 익어 버려지지는 않을지?
굴러먹고 언제 변심할지 모를 자라고는 않을지?

벼룩인지 우물 안 개구리인지
나는 뒤집고 옮기며 완성을 향하는데,

남의 밑자리 되어 묵묵히 견뎌내는
감히 손 못 댈 경지는
아주 아득하고,

지구를 위한 달짓들

1. 나는 지구의 거덜1)
   쟁쟁쟁 쇳소리로
   '어이 물렀거라 지구님 납신다'며
   돌고 있다 주인님 행차 따라

2. 누구도 얼씬 마라
   가히 나의 주인님을 건드릴
   낌새만 보이면 제거하는
   호위무사고 몸종이다
   주군을 섬기는 주구다

3. 달려드는 운석들 별찌들 유에프오들
   유도하는 등
   '얼어붙은 달 등대 허공에 차고
   드넓은 하늘에 지구를 지키는 작은 섬' 나는 등댓불

4. 닳아 없어졌다가도 동그래지고
   지구가 필요한 것 언제든 살 수 있는 재활용의
   밤거래를 주로하는 나는 금화
   지구의 모든 동전들 나를 모방했지
   구름떼 몰려와 은하강가의 직거래장터로

나를 데려가네
십만 원짜리 백 달러짜리 동전도 만들게나

5. 지구의 물은 내게 달렸으니
칠종칠금하던 제갈량이 감히 넘볼까?
나날의 물때 맞춰내는 내가 없으면
지구가 범람하거나
활어들과 해초가 이상증세를 일으키고
임신부들의 양수도 산부인과 행을 조르고
태아마저 이상해질 거야.

1) 조선시대 사복시로 말을 관리하던 사람이며 관리의 행차시 "어이 물렀거라"를 외쳤음. 거덜나다 거덜거리다 등이 모두 이 말에서 유래되었음
2) '등대지기' 노래에서

소나무

남들 가는 동으로 간다
해마다 체적을 늘여 다지고
손들을 내밀어 탁발하고 있다
빛과 물과 기를 채우고도
사방으로 거듭 다가서며 또 달라 한다
목숨의 갈구가 끈질기다
살아내는 일이다

기도와 노래와 울음에 향기 섞어
솔바람 보내고
날개들 퍼덕여 춤도 춘다
신념을 흔들어 시험하며 초록혁명을 행한다
뜻을 반하는 황엽들 버리고 허물 벗어 마음 다진다
찔리는 허공도 기척만 느끼도록
길 가는 일이다

새들과 곤충들의 영육을 쉬게 하고
바람에도 영혼의 놀이터를 주며
안개에게도 손 내밀어
베풀지 않는 듯 베푸는 자비다
손닿는 것들에게 줄줄 아는
어울려 사는 일이다

성과 속을 몸으로 행한다
풍파에 몸이 휘고 지체 더러 잘려 나갔다
몸 안의 진을 짜 상처들 아물렸다
누가 함부로 불구라 말할까?
구도 아닌 구도의 견디는 일이다

죽기가 힘드니 죽을 힘으로 산다
내일을 어찌 알까만 희망의 해가 뜨는 이승에
또 하루 더 살자.

천 영 필

아호는 우천(愚天), 계간 ≪스토리문학≫ 등단, 중주고 졸업, 경남대 졸업, 고려대 평생교육원 시창작과정 및 덕성여대 시창작과정 수료, 한국스토리문인협회 산악대장, 대한시문학회 회원, 문학공원 동인, 우리시 동인. 친구에게 들려주는 시조 동인

시집 『하늘재 사랑』, 『말잔치』, 『엘리제를 위하여』

백운대에 사는 오리 외 2편

천 영 필

하늘이 열리고
조선 개국을 예지한 북한산 신령
애지중지 빚어 둔
삼각산 바위 한 덩이
전설을 하나 만들어낸다

지척을 분간키 어려우리만치
백운이 몰려와 앞이 보이지 않아
길 잃은 오리 하나가
지금도 내려가지 않고
수억 겁을 지키고 있다

한양 도성을 건설하면서
정도전은 알았을까
솟대가 삼각산 백운대에 서 있다는 걸
숨을 헐떡이며 오르다 쉬기를 몇 번이고

기진맥진하여
정상의 태극기가 올려다보이는 곳에서
한숨을 돌리려는데

오리다, 누군가 소리쳤다
헐, 저기 정상이 보이는데 아직도 오리라니
누구 기운 빠지라고 하는 소리여?
참 실없는 사람하고는!
실망스런 표정으로 돌아서는데
진짜 오리가 앞에 떡하니 있는 게 아닌가

나도 모르게 '오리다' 소리치고 말았다
나도 실 없는 사람이 되고 만 건가?

가라! 방황의 계절이여

흔들리지 말자

너무나 오랜 시간을 방황하며
살고 있지 않았나 싶다

중심을 잡지 못 하고
바람 따라 물결 따라 인정 따라
너무나 줏대 없이 핑계 아닌
핑계를 둘러대며
흔들리며 살아왔다

이제는 '시대가 사람을 만든다'는
말도 안 되는 시시한 명분 없는 말을
접자

사람
올곧은 중심이 잡힌 사람이
새 시대를 만든다고 하자

세상의 중심에 서서
흔들리지 말고

방황하지 말고
당당하게 살자

교회의 중심에 서서
사회의 중심에 서서
국가의 중심에 서서
우리 모두를 위하여…

성근 별 노란 무리

담장 따라 둘러선 노란 개나리꽃
산 길가 드문드문 생강나무꽃
개울 따라 산수유꽃 노란 군락
어느 별에서 보내온 사신인가

한국스토리문인협회 시 동인

문학공원 동인지 2022년 제17호

물병에 담긴 바다

초판인쇄일 2022년 6월 24일

초판발행일 2022년 7월 02일

지은이 : 한국스토리문인협회 시동인회

발행인 : 김순진

편집장 : 전하라

디자인 : 김초롱

펴낸곳 : 문학공원

등 록 : 2004년 3월 9일 제6-706호

주 소 : 우편번호 03382 서울 은평구 통일로 633

녹번오피스텔 501호 스토리문학사

전 화 : 02-2234-1666

팩 스 : 02-2236-1666

홈페이지 : www.munhakpark.com

이메일 : 4615562@hanmail.net

※ 책값은 뒤표지에 있습니다.